49재와 136지옥

49재와
136지옥

허암(김명우) 지음

운주사

들어가는 말

필자가 '중음세계[49재]'에 대해 처음으로 알게 된 것은 어머니를 따라 절에 갔을 때였다. 그리고 '지옥'이라는 말을 알게 된 것은 돌아가신 할머니 덕분이었다. 99세에 돌아가신 할머니는 내가 나쁜 짓을 할 때면 "그런 짓하면 지옥에 떨어져!"라고 언제나 웃으시면서 말씀하셨다.

할머니는 한글도 모르는 분이었지만, 지금에 와서 생각해보면 글을 아는 부모들보다 확실하게 손자를 훈육하였다고 생각이 든다. 그렇다고 귀여운 손자에게 절대로 엄하게 말하지는 않았다. 어떻게 그것이 가능했을까? 아마도 할머니는 사랑하는 손자가 "지옥에 떨어지는 짓을 해서는 안 된다"는 나름의 기준이 있었기 때문이라고 생각한다. 물론 그때는 49재가 무엇인지, 지옥이 무엇인지 전혀 몰랐지만 그 이후로도 할머니의 가르침은 나의 뇌리에 늘 남아 있었다. 지금 생각해보면 손자가 힘든 인생의 산비탈에서 성실하게 살아가기를 바라는 간절한 마음과 '나쁜 짓을 해서는 안 된다'는 당신 나름의 신념이 있었던 것으로 추측된다.

그렇지만 중학생 때 친구를 따라 교회에 다니면서, 할머니의 가르침을 까맣게 잊고 지냈다. 그런 후 대학에 들어가 철학을 전공하면서 교회와는 이별하고 다시 불교에 관심을 가지기 시작했다. 대학원에 들어가 불교를 본격적으로 공부하면서 중음세계와 지옥에 대한 관념이 나의 뇌리에서 되살아났다.

그런데 불교학자의 길을 가면 갈수록 "지옥은 없어!"라는 생각이 강하게 자리 잡기 시작했다. 불교학자가 미신 같은 중음세계나 지옥을 믿는 자체가 어불성설이라고 생각했기 때문이었다. 이런 생각은 동경대학 유학시절 산스크리트어로 된 유식 논서를 강독하면서 더욱 확고해졌다. 유학을 마친 후에 이런 생각은 여전하였지만 우연한 기회에 모 불교대학 실무책임을 맡게 되어 일반 불교신자들과 접촉할 기회가 생겼고, 가끔은 보름법회나 49재에도 참석하기 시작했다. 그리하여 단지 학문으로써 불교를 연구하는 것이 아니라 불교도로 점차로 탈바꿈해 가는 내 자신을 발견했다. 서서히 불교의 향기에 훈습薰習되어 갔다.

그런데 49재에 참석하면 할수록 불교신자들이 49재에 대해 너무 모른다는 것을 알게 되었다. 필자가 다니는 절에서도 자주 49재를 지내는데 유족들이 49재를 왜 지내야 하는지, 49재를 지내는 동안 유족은 무엇을 해야 하는지를 모르는 분이 대부분이었다. 게다가 망자를 위해 49재를 지내야 한다는 주위의 말만 듣고 49재를 지내는 분이 꽤 많았다. 특히 망자를 위해 49재를 지내기는 하지만, 육도윤회를 믿지 않는 분들이 꽤 있었다.

그래서 49재〔중음세계〕와 지옥세계에 대해 집필해 보기로 마음 먹었다. 그리하여 중음세계와 지옥에 관한 입문서와 논문, 그리고 경전이나 논서를 읽기 시작했다.

우선 지옥에 대해 기술한 문헌으로『기세인본경』「지옥품」, 『정법염처경』「지옥품」,『법구경』「악행품」,『시왕경』,『아비달마구사론』,『대비바사론』,『대지도론』,『순정리론』,『왕생요집』 등을 찾을 수 있었다. 이 가운데 지옥과 관련하여 많은 도움을 받은 자료로는『왕생요집』과『정법염처경』이다.『왕생요집』은 일본의 천태종 승려인 겐신(源信)*의 저작이다.

이 책은『정법염처경』을 중심으로 여러 경전이나 논서를 발취하여 요약 정리한 것으로, 집필과정에 많은 도움을 받았다. 그리고『정법염처경』(범본명: sad-dharma-smṛty-upasthāna-sūtra) 의 범본은 현존하지 않지만, 중국 원위元魏시대 고승 구담반야유지〔539년〕의 한역본이 있다. 그래서 일본어 번역본『국역일체경』(인도찬술부 8)과 한글대장경(74권 동국대학교 역경원)을 참고

---

* 에신소즈(惠心僧都) 겐신(源信, 942~1017)은 헤이안 시대 말기(天慶 5년)에 나라현(大和國)에서 태어났으며, 히에이 산〔比叡山〕엔랴쿠사〔延曆寺〕로 출가하여 천태교학을 배웠다고 한다. 저서로는『일승요결一乘要訣』,『인명론소사상위주석因明論疏四相違略註釋』,『대승대구사초大乘對俱舍抄』,『아미타경약기阿彌陀經略記』,『존승요문尊勝要文』,『백골관白骨觀』,『관심요약집觀心略要集』등이 있다.

하여 『정법염처경』을 읽어 보았다.

　필자가 지옥을 묘사한 수많은 경전이나 자료가 있음에도 불구하고 『왕생요집』과 『정법염처경』을 바탕으로 지옥 이야기를 집필하기로 마음먹은 이유는, 이 두 책이 지옥 전체의 구조를 알기 쉽게 설명하고 있기 때문이다. 또한 망자〔죄인〕가 범한 생전의 죄에 대응하여 떨어지는 팔열지옥과 각각의 팔열지옥에 부수하는 128개의 소지옥과의 대응관계를 잘 설명하고 있기 때문이다. 게다가 어떤 죄를 지으면 그곳에 떨어지고, 그곳에 떨어진 죄인은 어떤 고통을 받는지, 그곳에서 악업이 다하면 어느 세계로 윤회 전생하는지를 아주 자세하게 기술하고 있기 때문이다.

　그런데 이 책을 출판하기 전에 상당히 망설였다. 왜냐하면 지옥에 떨어지는 사람들 중에는 성소수자, 장애인, 여성 등이 자주 등장하여, 마치 이들을 비하하는 듯한 표현이 많았기 때문이다. 물론 경전이 제작될 당시에는 오늘날과 같은 성소수자나 장애인, 여성에 대한 배려가 거의 없던 시대였기 때문에 당연하다고 생각할 수도 있지만, 이런 내용만을 뽑아 '불교는 성소수자, 장애인, 여성을 차별하는 종교'라고 악용할 사람들이 생기지 않을까 하는 걱정이 앞섰다. 게다가 사이비 종교집단에서 이런 내용을 뽑아 상업적으로 이용하지 않을까 하는 우려도 지울 수가 없었다. 그래서 한참을 망설인 끝에, 불교와 인연을 맺은 이상

'밥값'을 해야겠다는 생각으로 출판을 결심하였다. 그 결과물이 바로 이 책이다.

　먼저 제1장에서는 중음세계에서 망자는 어떻게 재판을 받으며, 그리고 남겨진 유족은 49일 동안 무엇을 해야 하는지를 간략하게 기술하였다. 그리고 이 책의 집필 목적이 담긴 제2장에서는 육도세계六道世界 중에서 '지옥'에 한정하여 자세하게 설명하였다.

　지옥은 8곳의 뜨거운 지옥[팔열지옥]이 있다. 그리고 팔열지옥에는 각각 동서남북의 4개의 문이 있는데 그 문마다 4곳의 소지옥이 있다. 즉 하나의 지옥에는 16곳의 소지옥이 있다. 그러므로 8곳×16곳=128곳의 뜨거운 소지옥이 존재한다. 그래서 뜨거운 지옥은 8[팔열지옥]+128[소지옥]=136곳이다. 또한 아주 추운 지옥[팔한지옥]은 8곳이 있다. 그래서 전체 지옥은 총 144곳이 존재하는 것이다. 이 책에서는 8곳의 팔한지옥은 제외하고 136곳의 팔열지옥에 한정하여 자세하게 기술하였다. 그러나 실제로는 116곳의 지옥만을 설명했다. 그 이유는 나중에 밝히겠다.

　그리고 필자가 문헌에 근거하여 지옥을 설명하면서 3가지 물음에 초점을 맞추어, 답하는 방식으로 이 책을 기술했다. 첫째, 어떤 죄를 지으면 그 지옥에 떨어질까? 둘째, 그곳에 떨어진 죄인은 어떤 형벌을 받을까? 셋째, 그 지옥에서 악업이 다하면 어떤 세계로 윤회 전생할까? 독자들도 이 3가지 물음을 염두에 두고서 이 책을 읽으면 지옥을 이해하는 데 도움이 될 것이다.

그런데 왜 이렇게 지옥이 많을까?라고 의문을 품은 독자도 있을 것이다. 필자도 역시 '지옥의 종류가 왜 이렇게 많아!'라는 의문을 가졌다. 그렇지만 우리가 살고 있는 사바세계가 복잡해짐에 따라 범죄도 복잡하고 다양해지기 때문에 지옥도 많아지는 것은 당연하다고 생각한다. 그래서 살인, 강도, 사음, 거짓말, 도둑질 등의 전통적으로 확실한 죄 이외에 경제관련 사범, 사기범, 성관련 범죄, 그리고 정보사회가 도래함으로써 발생하는 사이버 범죄, 자동차가 일상화됨으로써 발생하는 범죄 등 모든 범죄에 대응하기 위해서는 앞으로 더 많은 소지옥이 필요하지 않을까 싶다.

독자들에게 부탁하고 싶은 말이 있다. 136곳이나 되는 지옥을 기술하다 보니 반복되는 부분이 많아 지루할 수도 있을 것이다. 인내를 갖고 끝까지 읽어주시기를 부탁드린다. 게다가 지금의 시대와 맞지 않는 내용이 많아 오해할 소지가 많다. 오늘날의 시각으로 보지 말고, 경전이 제작될 당시의 인도사회를 염두에 두고 읽어주시기를 부탁드린다.

끝으로 친형님처럼 늘 격려를 아끼지 않는 강경구 교수님, 든든한 학문적 동반자 구자상 교수에게 감사의 마음을 전하고 싶다. 또한 늘 불교학자들을 아끼고 격려해주시며, 이 책을 집필

할 동기를 부여해주신 원택 스님, 일성 스님께 감사드린다. 고
심정사불교대학 도반들의 변함없는 격려와 성원에도 감사의
인사를 전하고 싶다.

나마스테(namaste)

2021년 금정산 자락에서

허암(김명우) 합장

들어가는 말 • 5

제1장
49재와 중음세계 • 19
————————

1. 죽은 사람은 어디로 가는가 21
2. 중음세계의 망자는 중음신이다 25
3. 망자는 중음세계에서 7명의 왕에게 7번의 재판을 받는다 26
 1) 망자, 삼도강을 건너다 26
 2) 지장보살은 지옥 중생을 한 명도 빠짐없이 구제한다 30
 3) 망자, 두 번째 재판관인 초강왕의 법정에 서다 32
 4) 오칠일에 염라대왕의 재판을 받는다 33
 5) 49일 이후에도 재판은 계속된다 38
 6) 『시왕경』과 〈신과 함께〉 39

제2장
지옥순례 • 45
————————

1. 등활지옥: 살생한 자가 떨어진다 • 55

 시니처屎泥處 59
 도륜처刀輪處 61
 옹숙처瓮熟處 63
 다고처多苦處 65
 암명처闇冥處 68
 불희처不喜處 70
 극고처極苦處 72

2. 흑승지옥: 도둑질한 자가 떨어진다 • 77

등환수고처等喚受苦處   79

전다처施茶處   82

외숙처畏熟處   84

3. 중합지옥: 사음죄를 범한 자가 떨어진다 • 87

대량수고뇌처大量受苦惱處   91

할고처割剞處   93

맥맥단처脈脈斷處   94

악견처惡見處   96

단처団處   99

다고뇌처多苦惱處   101

인고처忍苦處   102

주주주주처朱誅朱誅處   104

하하해처何何奚處   106

누화출처淚火出處   107

일체근멸처一切根滅處   109

무피안수고처無彼岸受苦處   111

발두마처鉢頭摩處   112

대발두마처大鉢頭摩處   114

화분처火盆處   116

철말화처鐵末火處   118

4. 규환지옥: 음주의 죄를 범한 자가 떨어진다 • 120

대후처大吼處   124

보성처普聲處   126

발화유처髮火流處   128

화말충처火末蟲處 129

열철화저처熱鐵火杵處 131

우염화처雨炎火處 132

살살처殺殺處 134

철임광야처鐵林曠野處 135

보암처普闇處 137

염마라차광야처閻魔羅遮曠野處 138

검림처劍林處 140

대검림처大劍林處 141

파초연림처芭蕉烟林處 143

유연화림처有煙火林處 145

화운무처火雲霧處 146

분별고처分別苦處 147

5. 대규환지옥: 거짓말한 자가 떨어진다 • 151

후후처吼吼處 154

수고무유수량처受苦無有數量處 156

수견고뇌불가인내처受堅苦惱不可忍耐處 158

수의압처隨意壓處 160

일체암처一切闇處 161

인암연처人闇煙處 163

여비충타처如飛虫墮處 164

사활등처死活等處 166

이이전처異異轉處 168

당희망처唐悕望處 170

쌍핍뇌처雙逼惱處 172

질상압처迭相壓處 174

금강취오처金剛嘴烏處   176

화만처火鬘處   177

수봉고처受鋒苦處   179

수무변고처受無邊苦處   181

혈수식처血髓食處   183

십일염처十一炎處   184

6. 초열지옥: 사견의 죄를 범한 자가 떨어진다 • 187

대소처大燒處   193

분다리가처分荼梨迦處   194

용선처龍旋處   196

적동미니어선처赤銅彌泥魚旋處   198

철확처鐵鑊處   200

혈하표처血河漂處   203

요골수충처饒骨髓虫處   205

일체인숙처一切人熟處   207

무종몰입처無終沒入處   208

대발특마처大鉢特摩處   210

악험안처惡險岸處   212

금강골처金剛骨處   213

흑철승표도해수고처黑鐵繩剽刀解受苦處   215

나가충주악화수고처那迦虫柱惡火受苦處   216

암화풍처闇火風處   218

금강취봉처金剛嘴蜂處   219

7. 대초열지옥: 비구니나 여성재가신자를 범한 자가 떨어진다 • 222

일체방초열처一切方焦熱處   224

대신악후가외지처大身惡吼可畏之處   226

화계처火髻處   228

우사화처雨沙火處   230

내열비처內熱沸處   231

타타타제처吒吒吒嚌處   233

보수일체자생고뇌처普受一切資生苦惱處   234

비다라니처鞞多羅尼處   236

무간암처無間闇處   237

고계처苦髻處   239

우루만두수처雨樓鬘抖擻處   240

발괴오처髮愧烏處   242

비고후처悲苦吼處   243

대비처大悲處   244

무비암처無非闇處   245

목전처木轉處   247

8. 아비지옥: 오역죄를 범한 자들이 떨어진다 • 249

오구처烏口處   253

일체향지처一切向地處   254

무피안상수고뇌처無彼岸常受苦惱處   255

야간후처野干吼處   256

철야간식처鐵野干食處   258

흑두처黑肚處   260

신양처身洋處   262

몽견외처夢見畏處   263

신양수고처身洋受苦處   265

우산취처雨山聚處   266

염바파도처閻婆叵度處   267

성만처星鬘處   269

일체고선처一切苦旋處   271

취기부처臭氣覆處   273

철섭처鉄鍱處   274

십일염처十一焰處   276

나오는 말 · 279
참고문헌 · 283

제1장

49재와
중음세계

1. 죽은 사람은 어디로 가는가

인간은 죽음을 피할 수가 없다. 인간뿐만 아니라 생명을 가진 모든 존재는 죽음으로 그 생을 마감한다. 부처님은 '생로병사의 네 가지 괴로움〔四苦〕은 인간의 숙명으로 누구에게나 확실하고 공평하게 방문한다'고 하였다. 그중에 죽음은 재물이 많든 적든, 행복한 사람이든 불행한 사람이든 지위고하를 막론하고 예외 없이 찾아오는 법칙이라고 하였다. 그렇지만 어느 누구도 자신의 죽음을 직접 체험할 수 없다. 단지 다른 사람의 죽음을 통해서, 즉 간접적으로 죽음을 알 수 있을 뿐이다. 또한 죽음은 누구도 피할 수 없을 뿐만 아니라, 언제 찾아올지 누구도 알 수 없다. 그래서 부처님은 『숫타니파타(화살경)』에서

모든 중생은 언젠가 죽습니다. 다만 목숨은 정해져 있지 않아, 그 때가 언제인지 알 수 없습니다. 애처롭고 고통스럽습니다. 태어나 죽지 않고자 하지만 그럴 방도가 없습니다. 죽음은 반드시 닥치는 것입니다. 이것이 중생의 운명입니다.

과일이 익으면 떨어지는 것처럼, 태어난 자들은 반드시 죽음을 맞이합니다. 항상 죽음의 두려움에서 벗어날 수 없습니다. 옹기장이가 빚어낸 질그릇이 마침내 모두 깨어지듯이 중생의 목숨도 또한 그러합니다. 젊은이도 장년도 어리석은 이도 현명한 이도 모두 죽음에 굴복합니다. 모든 중생은 반드시 죽음을 맞이합니다.

라고 하였다. 게다가 죽음의 여행에서 되돌아 온 사람도 없으므로 죽음의 저쪽에 무엇이 있는지 알 수도 없다. 그래서 죽음은 영원히 수수께끼에 쌓여 있다고 할 것이다. 그렇다면 망자는 어디로 가는 것일까?

일반적으로 사람이 죽으면, 바로 지옥에 떨어지거나 사람으로 다시 태어난다고 생각한다. 하지만 불교에서는 사람이 죽으면, 먼저 '중음세계'에 간다고 한다. 중음세계란 현생과 사후세계의 중간을 말한다. 이곳에서 망자는 49일 동안 현생에서 행한 행위에 대해 7명의 재판관에게 재판을 받는다. 그리고 그 재판 결과, 즉 선악의 업보에 따라 육도세계의 어느 곳에 간다고 한다. 그래서 부처님께서는

무엇이 자신의 것이며, 무엇을 가지고 갈 것인가? 그림자가 사람을 따라가듯이, 죽음의 순간 무엇이 그를 따를 것인가?

인간은 현생에서 선행과 악행을 짓습니다. 사는 동안 지은
이 두 가지가 자신의 것이며 오직 이 둘을 가지고 떠납니다.
그림자가 사람을 따르듯이, 죽는 순간 선행과 악행이 그를
따라갑니다.(상응부 경전)

라고 하였다. 먼저 부처님은 우리가 죽는 순간 '무엇을 가지고
갈 것인가'라고 묻는다. 그러면서 부처님은 죽음과 함께 가지고
가는 것은 현생에서 지은 '선행'과 '악행'이라고 한다. 즉 선악의
업을 가지고 망자는 중음세계로 간다는 것이다. 다시 말해 망자
는 사바세계에 이별을 고하고 '중음세계中陰世界' 또는 '중유세
계中有世界'에 간다. 이른바 '명계冥界' 또는 '명도冥途'로 여행을
떠난다.

　독자들이 평소에 접하지 않는 용어[명도, 명계, 중음세계, 중유세
계, 사바세계]일 듯해서 부가적인 설명을 하겠다. 먼저 죽음의 여
행을 명도冥途의 여행이라고 하는데, 명도의 '명冥'은 '어둡다'는
의미이고, 도는 길 도(途=道) 자이다. 그래서 명도란 '어두운 길'
이라는 뜻이다. 명계冥界란 '어두운 세계', 즉 암흑의 세계를 말
한다. 그리고 중음이란 현세와 내세의 중간이기 때문에 '중中'
이라고 하며, 사후세계는 유명幽冥의 세계로 어둠의 의미인 '음
陰'이라고 한다. 또한 중유의 '중'은 중간, '유有'는 존재를 의미
한다. 그래서 중유란 '중간의 불안정한 존재'*를 의미한다.

불교에서는 태어난 순간을 '생유生有', 죽음의 순간을 '사유死有' 그리고 태어나서 죽음까지를 '본유本有'라고 한다. 그런데 불교에서는 윤회를 받아들이기 때문에 우리의 생은 반복한다고 한다. 즉 사유와 생유를 반복한다. 그리고 사유에서 생유 사이를 '중유'라고 한다. 즉 중유란 죽음에서 태어나기까지의 중간 기간을 말한다. 이 기간에 망자는 7명의 재판관에게 재판을 받으며 49일 동안 여행을 하는 것이다.

망자는 생전에 행한 것에 의해 극락에 가든지, 지옥에 떨어지거나 사람으로 다시 태어난다. 그런데 망자가 죽자마자 바로 지옥이나 극락에 가는 것이 아니다. 앞에서도 언급했지만, 대부분의 망자는 반드시 중음세계를 거친다. 단 예외가 있는데 극악무도 한 죄인罪人과 지극한 선인善人이다. 다시 말해 바로 지옥이나 극락으로 바로 가는 자는 극악무도한 사람이나 그 반대인 전혀 죄가 없는 선인뿐이다.

그리고 사바세계란 '잡다한 모임'이라는 범어 '사하(sahā)' 또는 '사바야(sabhaya)'를 음사한 것이다. 본래 범어 사바야는 '공포가 있는 국토'라는 의미로, 이 세상을 번뇌로 가득 찬 괴로움의 세계로 파악한 말이다.

---

* 티베트에서는 중음을 '바르도(bardo)'라고 한다. 바르도는 '죽음과 탄생의 둘(do) 사이(bar)'라는 뜻이다.

또한 사바세계에 살고 있는 우리를 '중생' 또는 '유정'이라고 하는데, 이 말은 범어 사트바(sattva)의 번역어로 '생명이 있는 것', '마음을 가진 자(有情)'라는 뜻이다. 구마라집 스님(344~413)은 사트바를 중생(衆生, 살아 있는 뭇 생명)이라고 번역하였으며, 삼장법사로 잘 알려진 현장 스님(600~664)은 사트바를 '마음(情)을 가진(有) 자'라는 의미로 유정有情이라고 한역하였다. 현장 스님의 제자이자 중국 법상종의 개창자인 자은대사 규기(632~682)는 사트바를 '감성(情)과 이성(識)을 가진(有) 자', 즉 유정식有情識이라고 한역하여, 인간으로 한정하는 말로 번역하기도 하였다.

2. 중음세계의 망자는 중음신이다

중음세계의 망자는 육체는 없고 의식만 있다. 그래서 살아 있는 인간, 즉 사바세계의 인간 눈으로는 그들을 볼 수 없다. 망자는 모습 없는 모습, 즉 의식밖에 없기 때문에 '의생신意生身'**이라고 하며, 중음세계에 거주하기 때문에 중음신中陰身이라고도 한다. 또한 이들은 '향을 먹는 자(gandharva)'라는 의미로 건달바乾

** 범어로는 마노 마야 카야(mano(意)-maya(生)-kāya(身))라고 하며, '생각하는 대로 생기는 몸'이라는 뜻이다.

闥婆, 건달박乾達縛이라고 음사하기도 한다. 왜냐하면 이 중음세계를 여행하는 망자가 먹는 것은 향香이기 때문이다. 이런 이유에서 향밖에 먹을 수 없는 망자를 위해, 유족은 불단이나 제단에 향이 꺼지기 않게 아침저녁으로 피운다. 우리가 제사나 천도재를 지낼 때 향을 피우는 이유도 이처럼 향이 망자〔영가〕의 음식이기 때문이다. 그래서 사바세계에 있는 유족들은 마음을 담아 정성스럽게 향을 피워야 하는 것이다.

3. 망자는 중음세계에서 7명의 왕에게 7번의 재판을 받는다

1) 망자, 삼도강을 건너다

이제 49일 간의 재판 과정을 살펴보자. 망자는 처음 6일 동안 암흑 속을 혼자 외롭게 터벅터벅 걸어야 한다. 그리하여 처음 7일〔초칠일〕에 첫 번째 재판관인 '진광왕秦廣王' 앞에 도착한다. 지옥에 떨어질 것인가? 극락왕생할 것인가? 진광왕은 어느 쪽인가를 결정하기 위해 망자에게 생전의 행위에 대해 이것저것 물어본다. 진광왕은 망자가 어떤 대답을 하건 "그렇군, 그래"라고 말한다. 망자가 두려움에 떨면서 진광왕의 판결을 기다리고 있으면, "아직도 조사해야 할 것이 있다. 앞으로 7일간 판결을 미루겠다."고 판결을 유예한다.

망자는 두려움에 떨면서 계속해서 걸어간다. 이번에는 큰 강을 만나게 된다. 이른바 삼도강三途江*이다. 삼도강을 건너기 위한 길은 3개로 나누어져 있는데, 생전의 행위에 의해 가는 곳이 정해진다. 생전에 선행을 많이 베푼 한 자는 다리〔有橋渡〕를 건너서 저쪽 강기슭에 건널 수 있지만, 나쁜 짓을 한 자는 다리를 건널 수 없다. 즉 선인만이 다리를 건널 수 있다. 나쁜 짓을 했어도 비교적 가벼운 자는 얕은 곳으로 건널 수 있지만, 생전에 많은 악행을 행한 자는 깊고 흐름이 빠른 곳을 수영해서 건너야 한다. 강물은 엄청나게 깊고 격렬하게 흐르기 때문에 수영하는 그 자체가 고통이다. 그곳을 산수뢰(山水瀨, 파도의 높이가 산처럼 높고 격렬하게 흐르는 곳) 또는 강심연(江深淵, 강물이 깊은 곳)이라고 한다.

그런데 언제인지 알 수 없지만, 여기에 홀연히 나룻배가 등장한다. 이 나룻배는 어떤 망자가 탈 수 있을까? 선인은 유교도라는 다리를 건너고, 악인은 산수뢰를 헤엄쳐 건너야 하기 때문에 비교적 죄가 가벼운 망자만이 배를 탈 수 있다. 강을 건너는 뱃삯은 여섯 냥〔六道錢〕이다. 삼도강을 건너는 데 뱃삯이 여섯 냥인 것은 불교의 육도윤회로부터 나온 것이라고 생각된다. 즉 사

---

* 『시왕경』에서는 '삼도천三途川' 또는 '나하(奈河)'라고 하지만, 필자는 '삼도강'이라고 표기한다. 삼도강이란 세 갈래〔三〕의 길〔途〕이 있는 강 〔河〕이라는 뜻이다.

후에 육도세계가 있다는 사고방식에서 유래한 것으로 보인다.

우리나라에서는 옛날부터 죽은 이에게 주는 돈이 있었다. 그것을 지전(紙錢, 종이로 엽전의 모양을 만든 것) 또는 저승길에 사용할 노잣돈이라고도 한다. 신라시대 월명 스님이 지은 '제망매가祭亡妹歌'라는 향가에서 죽은 누이의 제를 올리며 향가를 읊었는데, 홀연 바람이 불어 '지전'이 서쪽(서방극락정토)으로 사라졌다고 한다. 이처럼 신라시대에 이미 저승길 노잣돈이 있었던 것 같다. 그리고 무덤에 망자가 생전 사용한 물건이나 금은보화를 넣는 풍습 역시 망자를 위한 '노잣돈'의 의미가 담겨 있다고 할 수 있을 것이다.

그런데 삼도강 건너에는 의령수衣領樹라는 나무가 있는데, 옷의衣, 받을 령領, 나무 수樹 자이므로 '옷을 받는 나무'라는 뜻이다. 그 나무 아래에는 노인과 노파가 망자를 기다리고 있다. 노인의 이름은 현의옹懸衣翁이라고 하는데, 매달 현縣, 옷 의衣, 늙은이 옹翁 자 이므로 '나무에 옷을 거는 노인'이라는 뜻이다. 그리고 노파의 이름은 현의구懸衣嫗라고 하는데, 다른 이름은 탈의바奪衣婆라고도 한다. 탈의바란 빼앗을 탈奪, 옷 의衣, 할미 바婆 자이므로, 이름 그대로 망자의 옷을 벗겨 빼앗는 것이 중요한 임무이다. 그래서 노파가 뺏은 망자의 의복을 노인에게 건네면, 노인은 옷을 의령수에 걸어 놓는다. 그러면 망자가 생전에 범한 죄의 경중輕重에 따라 가지가 휘어진다. 이 결과를 가지고 망자는 다음 재판관인 초강왕 앞으로 가게 된다.

그리고 삼도강의 이쪽 강가〔此岸〕는 황량한 모래밭이다. 이 강가는 부모보다 먼저 죽은 아이〔어린 망자〕가 부모를 위해 돌탑을 쌓는 곳이다. 어릴 때 죽은 아이는 살아 있는 동안 보시를 실천할 시간적 여유나 경제적 능력이 없었다. 즉 선행을 쌓을 틈이나 능력이 없었다. 게다가 불교의 가르침을 듣고서 알기도 전에 망자가 되었다. 이런 이유로 중음세계에서 재판을 받는 동안 죽은 아이는 사바세계에 살았을 때 아무것도 할 수 없었다는 고통에 시달린다. 그래서 삼도강 언덕에 온 지금, 보시를 실천하기 위해 돌을 쌓아 탑을 만드는 것이다. 다시 말해 어린 망자가 병으로 죽었든 사고로 죽었든 누군가에게 살해되었든, 어떤 사연으로 죽었든 간에 옥졸〔귀신〕*에게 고통을 받는다. 어린 망자는 '부모를 위해'라고 울면서 돌을 쌓는다. 겨우 다 쌓았다고 생각하는 순간 옥졸이 발로 차서 부숴버린다. 그러면 또다시 처음부터 울면서 돌을 쌓는다. 그렇다면 어린 망자는 영원히 삼도강에 머물면서 귀신에게 고통을 당해야 하는가? 여기서 부모의 도움이 필요하다. 중음세계를 여행하고 있는 어린 망자 대신에 부

---

* 지옥에서 죄인을 괴롭히는 귀신을 '옥졸(獄卒, naraka-pāla)'이라고 한다. 귀신이라는 말은 죽은 사람의 영靈을 가리키는 한자어 귀鬼에서 온 것이다.

모가 할 수 있는 보시는 어떤 것이 있을까? 불사나 불탑을 조성할 수 있는 보시금을 낼 수도 있고, 천도재를 지내며 법공양을 할 수도 있지만, 일상생활에서 할 수 있는 보시를 꼭 실천해야 한다. 다시 말해 사바세계의 부모는 어린 망자를 위해 일상에서 자慈·비悲·희喜·사捨의 4가지 무량한 마음[四無量心]을 일으켜 화안애어和顏愛語의 보시를 실천해야 하는 것이다. 즉 자비희사의 마음으로써 타인에게 웃는 얼굴로 대하고 부드럽게 말을 하는 보시이다. 이것은 누구나 할 수 있는 보시이지만, 그렇다고 결코 쉬운 보시는 아니다.

어린 망자는 이런 고통을 당하지만 이곳에서 부모의 보시 공덕과 지장보살의 도움으로 결국 구제를 받는다.

2) 지장보살은 지옥 중생을 한 명도 빠짐없이 구제한다

중음세계에는 망자를 괴롭히는 옥졸이나 망자의 잘잘못을 심판하는 재판관 또는 망자만이 있는 것은 아니다. 중음세계에는 망자에게 구제의 손길을 뻗고 있는 지장보살地藏菩薩이 계신다. 지장이란 범어 크시티 가르바(kṣiti-garbha)의 번역이다. '크시티(kṣiti)'는 '대지大地', 가르바(garbha)는 '저장, 창고'의 의미이므로, 지장보살이란 '대지처럼 모든 것을 저장하는 보살'이라는 뜻이다. 또는 지장보살의 장藏을 감출 장藏으로 해석하여 중생을 구제하기 위해 자신이 입고 있던 옷까지 모두 중생에게 보시하였기 때문에 땅속에 몸을 감추었다고 해석하는 경우도 있다.

독자들도 잘 알겠지만, 사찰 전각 중에 명부전冥府殿이 있다. 명부는 어두울 명冥, 곳집 부府로 이루어진 말로 '어두운 집'이라는 뜻이다. 이 명부전에 모셔진 분이 지장보살이다. 지장보살은 부처님께서 입멸하신 후 미래에 미륵보살이 부처가 되어 이 세상에 오실 때까지의 사이, 즉 부처님이 안 계시는 동안〔無佛時代〕에 우리를 구제해 주는 보살이다. 지장보살은 인간세계뿐만 아니라 지옥에서 천계, 즉 육도세계의 모든 곳에서 구제의 손길을 뻗친다. 지장보살은 구제를 바라는 중생의 고통스러운 소리가 들리면 어디든지 달려가서 중생을 구제해 준다. 그렇다면 지장보살은 무엇 때문에 동서분주하게 중생을 구제하기 위해 달려갈까? 지장보살은 "지옥에 한 명의 죄인이라도 있으면 성불하지 않겠다."는 서원을 세운 보살이기 때문이다.

이뿐만 아니다. 지장보살은 아주 서민적이며, 우리에게 아주 친숙한 존재이다. 게다가 중음세계에서 귀신〔옥졸〕에게 시달리고 있는 아이들도 구제해 준다. 그래서 지장보살의 모습도 아기보살처럼 귀여운 모습을 하고 있다. 그런데 한국 사찰의 명부전에는 지장보살만 모셔져 있는 것이 아니다. 중음세계의 재판관인 10명의 왕, 즉 시왕十王이 함께 모셔져 있는 것이 명부전의 특징이다.

3) 망자, 두 번째 재판관인 초강왕의 법정에 서다

이칠일(14일)에는 두 번째 재판관인 초강왕 앞에서 심문을 받게 된다. 초강왕은 망자가 생전에 한 행위를 전부 기록한 자료를 탈의바에게 보고받았기 때문에 망자의 죄를 전부 알고 있다. 초강왕이 "너의 죄는 무겁다. 지옥으로 가거라."고 말한다. 그럼에도 불구하고 망자가 계속해서 "저희 가족이 '추선공양追善供養'을 해 줄 것입니다. 관대한 처벌을 부탁드립니다."라고 애원하면, 초강왕은 "그렇다면 송제왕에게 가서 재판을 받거라."라고 하며, 또다시 7일간 선고를 유예해준다.

'추선공양追善供養'의 추선은 '선행을 추가한다'는 의미이고, 공양(供養, pūja)은 '양식을 바치다'는 뜻이다. 그러므로 추선공양이란 '선행[善]을 추가[追]하는 공양供養', 즉 중음세계를 여행하는 망자에게 사바세계의 유족이 무언가 도움되는 행위를 하는 것을 말한다.

그런데 불교는 철저하게 '자업자득'의 가르침이다. 그렇다면 추선공양과 자업자득은 서로 모순되는 가르침이 아닌가?라는 의문이 생길 수밖에 없다. 과연 추선공양과 자업자득은 양립 가능한가? 이 두 가르침은 양립 가능하다. 추선공양과 비슷한 말로 '회향回向' 또는 '회향廻向'이라는 말이 있다. 회향이란 어떤 사람이 열심히 수행하여, 그 수행의 공덕을 다른 사람에게 돌리는 것을 말한다. 죽은 자가 보시나 수행을 하지 않고 죽었다고 하더라도 유족이 나중에 보시를 실천하여, 그 보시의 공덕을 죽은 자에게 돌려줄 수가 있는 것이다. 즉 망자에게 유족의 공덕을 회향하는 것이다. 그러면 망자는 중음세계에서 재판을 받을 때 선행이 추가되는 것이다.

이 때문에 사바세계의 유족은 49일 동안 추선공양을 행하는 것이며, 또한 망자는 재판을 받는 49일 동안 유족의 추선공양을 기대하면서 중음세계를 계속해서 여행하는 것이다. 그래서 망자는 "저희 가족이 추선공양을 해줄 것입니다."라고 초강왕에게 간절하게 말하는 것이다.

4) 오칠일에 염라대왕의 재판을 받는다

삼칠일에는 세 번째 재판관인 송제왕에게 재판을 받는다. 이곳에서는 사음죄를 묻는다. 그리고 사칠일(28일)에는 네 번째 재판관인 오관왕에게 보내진다. 이곳에는 커다란 저울이 있다. 이 저울은 죽은 자가 생전에 몸이나 입으로 행한 나쁜 일을 한순간에 알려준다. 다시 말해 저울에는 망자가 생전에 행위한 모든 것이 전부 삽입되어 있다. 그래서 그 이후에 지옥에 갈 것인가, 아귀세계에 갈 것인가, 아니면 축생세계에 갈 것인가? 즉 어느 세계에 갈 것인지 거의 결정된다. 그렇지만 망자는 오관왕에게 또다시 간청하여 7일간 선고 유예를 받는다.

오칠일 날, 즉 죽은 지 35일 되는 날에 드디어 염라대왕* 앞에서 재판을 받는다. 이곳에는 망자의 마음속까지 비추어 주는 '정파리'라는 거울이 있다. 이 거울은 아무리 숨겨도 망자의 생전 행위를 전부 비춰준다. 이 거울을 업경대業鏡臺, 즉 죄인의 업業을 보여주는 거울(鏡)의 대臺라고 한다. 또는 업경륜業鏡輪·업경業鏡이라고도 한다. 그래서 지장보살을 모신 누각인 지장전이나 명부전에는 『시왕경』에 근거하여 시왕十王을 봉안하고 업경대를 설치하는 경우가 많다.

그런데 다른 불교문헌에는 염라대왕이 중음세계 전체를 지배하는 대표적인 재판관으로 등장한다. 예들 들면 『열반경』에

---

* 염마왕 또는 염라대왕(yama-rāja)은 우리에게 친숙한 존재이다. 염마왕은 수염이 덥수룩한 얼굴에 커다란 눈으로 죽은 자를 쩨려보는 외모 때문에 무서운 이미지가 강하다. 그래서 지옥을 다스리는 왕으로 알고 있는 사람이 많다. 하지만 염마왕은 최초의 인간이었다. 구약성서에 나오는 최초의 인간인 아담과 이브라고 생각하면 된다. 염마(야마)는 최초의 인간이었기 때문에 당연히 가장 먼저 죽었다. 그래서 그는 사후세계에 최초로 도착하게 되었고, 사후세계의 왕이 된 것이다. 중음세계에서 망자를 재판하는 6명의 재판관은 모두 중국 출신이지만, 염마왕만은 인도 출신이다. 인도 신화에서는 그의 부인인 야미(yami)와는 쌍둥이 신으로, 그녀는 '정법의 신, 광명의 신'으로 알려져 있다. 염마는 범어로 'yama(야마)'라고 하는데, 중국에서 야마를 음사하여 염마라고 한 것이다.

는 염라대왕이 부하인 옥졸에게 명하여 망자의 몸에 49개의 못을 박는다고 기록하고 있다. 다시 말해 자신의 죄를 알게 하고, 부처님께 귀의해서 회심의 중요성을 가르치기 위해 눈에 2개, 귀에 2개, 혀에 6개, 가슴에 18개, 배에 6개, 다리에 15개를 박아 움직일 수 없게 한다. 못의 길이는 1척이나 되며, 못은 절대로 빠지지 않는다고 한다. 사바세계에서의 망자의 행위를 전부 알고 있는 염라대왕은, 유족 중에 신심이 깊은 자가 있어 장례식 등을 정성을 다해 준비하고서 승려를 초청하기 위해 절에 가면 발에 박은 15개를 뽑아준다고 한다. 그리고 승려가 와서 경을 읽기 시작하면 배에 박은 6개의 못을 뽑아준다. 승려가 불상을 개안(開眼, 불상을 만든 후 처음으로 공양하는 일)하면 가슴에 박은 18개를 뽑아준다. 또한 삼신(법신, 응신, 보신)의 공덕을 독송하고, 망자를 위해 설법을 시작하면 그 설법을 듣도록 하기 위해 귀에 박힌 2개의 못을 뽑아준다. 유족이 부처님을 존경하고, 공양을 위해 진심으로 예를 갖추면 눈에 박은 2개의 못을 뽑아준다. 그리고 유족 모두가 망자를 위해 경을 독송하고, 망자도 경을 독송하려고 하면 혀에 박은 6개의 못도 뽑아준다고 한다.(『地獄めぐり』, 山本健治) 여기서 49개의 못이 등장하는 것은 49일 동안 유족의 역할이 중요하다는 것을 일깨우기 위한 것으로 생각한다. 물론 염라대왕도 선고를 유예한다.

육칠일(42일)에는 여섯 번째 재판관인 변성왕 앞에 서게 된다. 변성왕은 염라대왕이 가지고 있는 똑같은 거울로 다시 심문한다. 어떻게든 지옥에 떨어지는 것을 면하려고 망자는 필사적으로 애원하고 변명한다. 왕은 거울을 보고 있기 때문에 이미 생전에 행한 모든 행위를 알고 있지만, "그래, 알았다."라고 모르는 척하면서 "그렇다면 서둘러 태산왕에게 빨리 가라."고 말한다. 변성왕은 거울로 사바세계에 남겨진 유족이 어떻게 하고 있는지 본다. 유족이 선근을 쌓고 깨달음을 진정으로 기원하면 집행을 유예하고 다시 재판 받을 기회를 주는 것이다.

칠칠일[49일]에는 일곱 번째 재판관인 태산왕 앞에 서게 된다. 태산왕 앞에 서면 최종 심판을 내리기 전에 다시 한 번 더 기회를 준다. 출구에는 6개의 문이 있다. 그런데 태산왕은 여섯 개의 문을 가리키면서 망자에게 "저 문은 여섯 세계로 가는 입구이다. 너는 어떤 문을 선택할 것인가? 너 자신이 가고 싶은 문을 선택하거라. 그것이 너의 내세이다."라고 말한다.

다시 말해 태산왕은 지옥·아귀·축생·아수라·인간·천계의 여섯 길[六道] 중에 어느 하나를 선택하라고 말한다. 그렇지만 망자는 문 저쪽에 어떤 세계가 있는 지 전혀 알 수 없다. 그래서 자신이 좋다고 선택한 길이 지옥일 수도 있고, 아니면 천계일 수도 있다. 실로 자신의 운명에 맡길 수밖에 없다. 그렇지만 망자가 선택한 세계는 생전에 지은 업의 결과물이다. 업(業, karma)은 전생의 행위이며, 누구나 전생에 행한 행위의 결과인

과보를 받는다는 것이다. 즉 자업자득이다. 그리고 칠칠일을 '만중음滿中陰'이라고도 하는데, 이것은 망자가 저 세상의 어느 곳에 갈 것인가를 최종적으로 결정하기 때문이다. 그래서 망자가 극락왕생할 수 있도록 유족이 49일간 열심히 추선 공양하는 습관이 생긴 것이다.

지금까지 중음세계의 재판 과정을 살펴보았지만, 7명의 왕이 전부 선고유예를 했다. 왜 모두 선고유예를 할까? 왜냐하면 7명의 재판관은 모두 불보살의 화신이기 때문이다. 먼저 초칠일(7일)의 재판관인 진광왕은 부동명왕*의 화신, 이칠일(14일)의 재판관인 초강왕은 석가여래의 화신, 삼칠일(21일)의 재판관인 송제왕은 문수보살의 화신, 사칠일(28일)의 재판관인 오관왕은 보현보살의 화신, 오칠일(35일)의 재판관인 염마왕(염라대왕)은 지장보살의 화신, 육칠일(41일)의 재판관인 변성왕은 미륵보살의 화신, 칠칠일(49일)의 재판관인 태산왕은 약사보살의 화신이다.(『佛教死後世界入門』, ひろさちや) 그래서 7명의 재판관은 판결을 내리지 않고 계속해서 유예한 것이다.

---

* 부동명왕은 오른손에 구리길라라는 이름의 검, 왼손에는 오랏줄을 가지고 있다. 그래서 악인을 오랏줄로 묶기도 하며, 검으로 악인의 목숨을 빼앗기도 한다. 부동명왕의 조각상을 보면, 등 뒤에는 화염火焰으로 장식되어 있다. 한국에서는 인기가 없어 조각된 상조차도 없다. 그렇지만 밀교에서는 아주 중요한 숭배 대상이다.

5) 49일 이후에도 재판은 계속된다

망자는 49재를 마치면 바로 지옥에 가거나 극락왕생할 것이라고 생각하지만. 새로운 반전이 기다리고 있다. 당나라 말기에 『시왕경』이 편찬되어, 종래의 49일 이후에 100일, 1년, 3년이 되는 날에 재를 지내는 시왕신앙이 유행하게 되었다. 다시 말해 49일 이후에도 최후 판결이 내리지 않을 경우에 망자는 100일, 1주기, 3주기에도 재판을 받게 된다.

49일로 결정되지 않는 경우에는 백 일째 되는 날 평등왕 앞에 간다. 그래도 결정되지 않으면 1주기 때 도시왕에게 판결을 받는다. 여기서도 유족이 열심히 추선공양을 해주는 경우에는 악행을 범한 자라도 3주기까지 판결을 유예해준다. 여행을 계속한 망자는 3주기에 오도전륜왕 앞에 끌려와서 재판을 받는다. 다시 말해 3명이 추가되어 10명의 왕(十王)이 되었다.

그런데 재판관인 왕이 추가된 것은 유족으로 하여금 추선공양을 많이 하도록 조장하기 위한 것이라고 비판적으로 생각하는 사람도 있다. 게다가 49재는 불교가 의례불교로 변해 가는 과정에서 절 운영을 위한 돈벌이의 수단으로 만들어진 것이라고 주장하는 학자도 있다. 이런 주장은 일부 타당하다. 그런데 동북아시아에 불교가 이식되는 과정을 이해하고 있다면, 이런 주장을 할 수 없다. 그리고 불교는 철학적인 내용도 포함하고 있지만, 종교다. 종교는 의례가 중요한 요소이다. 특히 종교에서 죽은 자를 위한 의례는 빠질 수가 없다.

그리고 현실적인 측면에서 보면, 이를 통해 사바세계에 남아 있는 유족이 망자를 잊지 않고 추선공양을 하며 극락왕생을 기원하는 좋은 법회가 생겼다는 것은 망자와 유족에게 커다란 위안이 될 것이다. 그러므로 너무 부정적으로만 볼 필요가 없다고 생각한다.

6)『시왕경』과 〈신과 함께〉

앞에서 언급하였듯이 7명 또는 10명의 재판관은 망자의 죄를 확인만 하고 판결은 계속 유예했다. 독자들 중에는 평소에 자신이 알고 있는 것과 달라 의아해하는 분도 있을 것이다. 아마도 『신과 함께』라는 만화나 이 만화를 원작으로 제작된 영화 〈신과 함께〉를 보신 분은 더욱 그럴 것이다. 왜냐하면 만화나 영화에서는 재판에 통과하지 못하면 바로 지옥에 떨어진다고 묘사하고 있기 때문이다. 사실『신과 함께』는 당나라 말기 장천藏川 스님이 찬술한『시왕경』을 모티브로 제작된 것이다. 다시 말해 중국에서 찬술된『시왕경』에는 재판 과정이 다른 양상으로 전개된다.『시왕경』에 따르면, 10명의 왕에게 재판을 유예 받는 것이 아니라 재판에 통과하지 못하면 바로 지옥에 떨어진다고 한다. 인도와는 달리 동아시아에서는 지옥을 '징벌'이나 '심판하는 곳'으로 초점을 맞추어 기술하고 있다. 그 내용을 간략하게 소개한다.

첫 번째 재판관인 진광왕의 재판을 통과하지 못한 죄인은 '도산지옥刀山地獄'에 떨어진다고 한다. 도산이란 칼 도刀, 뫼 산山 자로 칼로 뒤덮인 산을 말한다. 이곳에 떨어진 죄인은 어떤 고통을 당할까? 이곳에 떨어진 죄인은 맨발로 칼날 위를 걸어가야 하는 고통이 기다리고 있다. 이곳은 어떤 죄를 지은 자가 떨어질까? 전생에서 지독한 구두쇠가 떨어지는 지옥이다.

두 번째 재판관인 초강왕의 재판을 통과하지 못한 죄인은 '화탕지옥火湯地獄'에 떨어진다. 화탕이란 불 화火, 끓을 탕湯 자이므로, 죄인을 물이 부글부글 끓고 있는 커다란 가마솥에 던져 고통을 주는 지옥이다. 이곳은 어떤 죄를 지은 자가 떨어질까? 전생에서 도둑질을 하거나 빌려간 물건을 갚지 않은 죄인이 떨어지는 지옥이다.

세 번째 재판관인 송제왕의 재판을 통과하지 못한 죄인은 '한빙지옥寒氷地獄'에 떨어진다. 한빙이란 찰 한寒, 얼음 빙氷 자이므로, 죄인을 엄청나게 춥고 커다란 얼음이 있는 협곡에 집어넣어 고통을 주는 지옥이다. 이곳은 어떤 죄를 지은 자가 떨어질까? 전생에 불효를 저지른 죄인이 떨어지는 지옥이다.

네 번째 재판관인 오관왕의 재판을 통과하지 못한 죄인은 '검수지옥劍樹地獄'에 떨어진다. 검수란 칼 검劍, 나무 수樹 자이므로, 잎이 예리한 칼날인 나무로 이루어진 숲에 죄인을 던져 넣어 찌르고 자르는 고통을 주는 지옥이다. 이곳은 어떤 죄를 지은 자가 떨어질까? 어려움에 처한 이웃을 구하지 않은 자들이 떨어지는 지옥이다.

다섯 번째 재판관인 염라대왕의 재판에 통과하지 못한 죄인은 '발설지옥拔舌地獄'에 떨어진다. 발설은 뺄 발拔, 혀 설舌이므로, 이곳에서는 죄인의 혀를 길게 뽑은 뒤 크게 넓혀놓고 나서 그 혀에 나무를 심거나 쟁기를 갈아 고통을 준다. 이곳은 어떤 죄를 지은 자가 떨어질까? 전생에서 상대방을 헐뜯은 자들이 떨어지는 지옥이다.

여섯 번째 재판관인 변성왕의 재판을 통과하지 못한 자는 '독사지옥毒蛇地獄'에 떨어진다. 이곳에 떨어진 죄인은 수많은 독사에게 물리는 고통을 당한다. 이곳은 어떤 죄를 지은 자가 떨어질까? 살인 및 강도 등과 같은 강력 범죄자들이 떨어지는 지옥이다.

일곱 번째 재판관인 태산왕의 재판을 통과하지 못하면 '거해지옥鋸骸地獄'에 떨어진다. 거해란 톱 거鋸, 뼈 해骸 자이므로, 이곳은 죄인을 톱으로 자르는 지옥이다. 이곳은 어떤 죄를 지은 자가 떨어질까? 전생에서 남을 속인 자, 즉 사기꾼이 떨어지는 지옥이다.

여덟 번째 재판관인 평등왕의 재판을 통과하지 못하면 '철상지옥鐵床地獄'에 떨어진다. 철상이란 쇠 철鐵, 상 상床 자이므로,

이곳에서는 죄인을 뾰족한 못이 박힌 침상에 눕혀 죄인의 몸
에 못을 관통하게 한다. 이곳은 어떤 죄를 지은 자가 떨어질까?
전생에서 부정한 방법으로 재물을 모은 자들이 떨어지는 지옥
이다.

아홉 번째 재판관인 도시왕의 재판을 통과하지 못하면 '풍도
지옥風途地獄'에 떨어진다. 이곳은 거센 바람이 불어 죄인을 고
통스럽게 하는 지옥이다. 이곳은 어떤 죄를 지은 자가 떨어질
까? 사음한 자, 즉 성범죄를 일으킨 자들이 떨어지는 지옥이다.

열 번째 재판관인 오도전륜왕의 재판을 통과하지 못하면 '흑
암지옥黑闇地獄'에 떨어진다. 이곳은 이름 그대로 칠흑 같이 어
두운 지옥이다. 즉 빛이 전혀 없는 암흑지옥이다. 난임자나 불
임자를 차별하는 하는 것 같아 언급하기 조심스럽지만, 이곳은
자식을 보지 못한 사람이 떨어진다고 한다. 아마도 이것은 동아
시아에서 자손을 중시하는 풍습이 불교에 흡입된 것으로 추측
된다.*

끝으로 필자의 생각을 간단하게 밝히고자 한다. 앞에서 언급
한 것처럼 7번이든 10번이든 재판과정에서 바로 지옥으로 떨

---

* 이상 중음세계와 49재에 대한 기술은 필자의 졸저 『불교에서의 죽음
  이후, 중음세계와 육도윤회』에서 발췌하여 수정하고 보완하였다.

어진다면, 49재나 유족의 추선공양은 아무런 의미가 없게 되는 모순이 생긴다. 그러므로 재판을 통과하지 못하면 곧바로 지옥에 떨어지는 것이 아니라 유예하는 것으로 통일하는 것이 불자들의 혼란도 피할 수 있으며, 또한 합당하다고 생각한다. 그리고 재판관도 7명 또는 10명으로 통일할 필요가 있을 것 같다. 필자의 생각을 말하자면, 현실을 반영하여 재판관을 10명으로 통일하는 것이 좋을 것 같다. 왜냐하면 한국에서는 『시왕경』을 바탕으로 시왕신앙이 널리 퍼져 있기 때문이다. 이상으로 중음세계와 그곳에서의 재판과정에 대한 설명을 마치겠다. 이제부터 이 책의 집필의도인 '지옥'을 필자와 함께 순례해보자.

제2장

지옥순례

망자는 49일 간 중음세계에서 재판을 받고서 죄의 무게에 따라 육도세계, 즉 지옥도(地獄道, naraka-gati)·아귀도(餓鬼道, preta-gati)·축생도(畜生道, tiryañc-gati)·아수라도(阿修羅道, asura-gati)·인도(人道, manuṣaya-gati)·천도(天道, deva-gati)의 어느 곳을 가게 된다. 그런데 이 육도세계 중에서 지옥은 도대체 어디에 있는가?

흔히들 "지옥이 따로 있나! 마음먹기에 따라 지옥도 되고 극락도 되지."라고 하여, 지옥은 별도로 존재하는 것이 아니라 각자의 마음속에 존재한다고 생각하는 사람이 많은 것 같다. 실제로 『정법염처경』과 『왕생요집』에서도 지옥은 모두 마음에서 기인한 것〔皆因於心〕이라고 한다. 본래 불교에서는 지옥이나 지옥의 고통은 죄인〔중생〕의 업業 때문이라고 한다. 게다가 죄인에게 고통을 주는 옥졸도 죄인의 업에 의해 생겼다고 한다. 이런 이유 때문에 '지옥'이라는 말 대신에 '지옥관념'이라는 표현을 선호하는 사람도 있다. 그러면서도 경전에서는 지옥은 인간이 살고 있는 세계〔섬부주〕아래에 존재한다고 한다. 고대 인도인은 우주의 중심에 수미산*이라는 거대한 산이 우뚝 솟아 있다고 생각했다. 그리고 수미산 바깥의 동서남북에는 각각 4개의 대륙〔승신주, 우화주, 섬부주, 구로주〕이 존재하는데, 그중 남쪽에 우리들이 살고 있는 대륙인 '섬부주(贍部州, jambudvīpa), 다른 말로 하자면 염부제閻浮提' 밑에 지옥이 존재한다고 생각했다.

그런데 지옥이란 무슨 의미일까? 동북아시아에는 황천黃泉이라는 말은 있었지만 지옥이라는 말은 없었다. 불교가 동북아시아에 전래됨으로서 지옥이라는 말이 생겼다. 지옥이란 '지하세계에 있는 감옥', 즉 '지하감옥地下監獄'의 줄인 말이다. 원래는 범어 나라카(naraka), 팔리어의 니라야(niraya : 사라지는 것, 행복이 없는 곳)를 한자로 번역한 것이다. 또는 나라카를 음사하여 나락奈落·나락가捺落迦, 니라야를 음사하여 니리야泥利耶·니리泥梨라고도 한다. 그래서 '지옥에 떨어지다'와 '나락에 떨어지다'를 같은 의미로 사용하는 것이다.

여기서 한 가지 첨언할 내용이 있다. 지옥에 떨어지면 죄인**은 엄청난 고통을 당하는데, 우리에게 지옥 또는 지옥관념이 성

---

* 　수미산은 범어 '메루'(meru) 또는 '수메루'(sumeru)를 음사한 것이다. 한역에서는 '수'(su)를 '묘할 묘妙', '메루'(meru)를 '높을 고高'로 해석하여 '묘고산妙高山'이라고도 한다.
** 　지금부터는 '망자'라는 말 대신에 '죄인'이라고 표현한다. 왜냐하면 중음세계에서 재판을 받아 그 죄가 확정되었기 때문이다.

립하기 위해서는 4가지 전제요소가 필요하다.

첫째, 내가 살고 있는 세계와 다른 세계가 존재해야 한다. 다시 말해 '이승'과 '저승'이라는 2개의 세계가 존재해야만 지옥도 존재할 수 있다.

둘째, 저승[별도의 세계 또는 저 세상]은 '이승'과는 전혀 다른, 깊은 지하에 어두운 세계가 존재해야 한다.

셋째, 죽은 자는 영靈이 되어 '저승'을 방황해야 하는데, 적절한 표현은 아니지만 그 전제로 '망령' 혹은 '영혼'이 존재해야 지옥도 존재할 수 있다.

넷째, 저승은 고통스러운 세계라는 것이 전제되어야 한다.(『地獄の世界, 坂本要) 우리는 죽으면 행복하고 즐거운 곳[극락]에 가고 싶다. 하지만 그곳은 죽은 자가 이승에서 행한 행위의 결과이기 때문에, 악인도 선업을 쌓은 선인과 똑같이 행복하고 즐거운 곳에 간다면 그것은 불공평하다. 즉 악인은 생전 행위에 의해 고통을 받아야 하기 때문에 지옥이 존재해야 한다. 이 4가지 요소가 전제되어야 지옥 또는 지옥관념은 성립 가능한 것이다.

그리고 4가지 전제요소와 더불어 불교에서는 업[선인선과·악인악과, 인과응보]과 윤회[육도윤회]를 바탕으로 지옥을 아주 정밀하게 묘사하여, 지옥세계를 완성해 간다. 게다가 동아시아로 불교가 전래되는 과정에 시대 및 지역의 세계관, 영혼관, 윤리

관 등이 결합되어, 지옥묘사는 더욱 구체화되고 풍성하게 된다.

그렇다면 어떤 지옥이 있을까? 경전이나 문헌에 따라 명칭과 내용에 약간의 차이가 있지만, 지옥은 크게 무덥고 뜨거운 팔열지옥과 엄청나게 추운 팔한지옥으로 나눈다. 먼저 팔열지옥은 고통이 적은 순서대로 열거하면, 등활지옥·흑승지옥·중합지옥·규환지옥〔호규지옥〕·대규환지옥〔대규지옥〕·초열지옥〔염열지옥〕·대초열지옥〔극열지옥〕·아비지옥〔무간지옥〕의 여덟 곳이다. 그리고 각각의 팔열지옥에는 16곳의 소지옥이 있기 때문에 136곳의 지옥이 존재하는 것이다.

이 팔열지옥에는 8가지 공통점이 있다.

첫째, 지옥은 습하고 엄청나게 무더운 곳이다. 고대 인도인은 시원하고 서늘한 곳을 극락이라고 하였고, 반면 지옥은 아주 무더운 곳이라고 하였다.

둘째, 모든 지옥은 업의 불꽃〔業火〕이 끊임없이 타오르고 있는 곳이다. 죄에 따라 떨어지는 지옥도 다르고 형벌의 종류도 다르지만, 모든 팔열지옥은 반드시 죄인을 뜨거운 불로 태우는 고통을 가한다.

셋째, 지옥을 지키는 옥졸이 존재한다. 옥졸은 지옥을 지키지만 동시에 지옥의 죄인을 괴롭히는 존재이다. 지옥의 옥졸은 양, 사슴, 호랑이, 사자의 머리를 했을 뿐만 아니라 여러 종류의 새의 머리를 하고 있는데, 대표적인 옥졸은 소의 머리와 인간의 몸을 가진 '우두牛頭'와 말의 머리와 인간의 몸을 가진 '마두馬頭'이다. 지옥의 옥졸인 우두와 마두는 '쇠몽둥이(鐵棒)나 쇠갈고리' 등을 가지고 지옥의 죄인을 찌르거나 때리기도 하면서 고문을 가한다.

넷째, 지옥의 시간은 사바세계와 달리 아주 길다. 등활지옥의 하루는 우리들이 살고 있는 지상의 900백만 년에 해당한다. 흑승지옥의 하룻밤은 3천6백만 년, 중합지옥의 하루는 1억4천4백만 년, 규환지옥의 하루는 5억7천6백만 년으로, 하루의 길이는 4배씩 증가한다. 도저히 우리들의 사고로는 생각할 수 없는 아주 긴 시간이다.

조금 더 보충설명을 하자면, 죄가 가장 가벼운 죄인이 떨어지는 곳인 등활지옥의 형벌 기간은 5백 년이다. 이곳의 하루가 사바세계에서는 9백만 년이기 때문에, 5백 년의 형벌 기간을 사바세계의 시간으로 계산하면 (9백만 년×360일*)×5백 년=1조6천2백억 년이 된다. 사바세계에 살고 있는 우리들은 결코 상상이 안 되는 시간이다. 독자들께서는 간단하게 아주 긴 시간 동안 고통을 받는다고 생각하면 될 것 같다.

다섯째, 죄인은 전생에서 행한 악행 그대로 똑같은 형벌을 받

---

* 옛날에는 1년을 365일이 아닌 360일로 계산했다. 착오 없으시기 바란다.

는다. 예를 들어 전생에서 친구를 집단으로 폭행했다면 옥졸들에게 집단으로 구타를 끝없이 당한다. 다시 말해 인과응보, 자업자득의 원칙이다. 그러므로 지옥에 떨어지지 않도록 바른 행위(선행)를 실천하라는 메시지를 우리에게 보내고 있다.

여섯째, 지옥에 떨어진 죄인은 영원히 고통을 받는 것이 아니라, 이곳에서 악업이 다하면 다른 세계로 간다. 즉 '육도윤회'한다. 반면 서양에서는 지옥에 한번 떨어지면 영원히 벗어날 수 없다고 한다.

일곱째, 형벌의 고통은 멈추지 않고 끊임없이 반복된다. 예를 들어 생전에 동물을 산채로 불로 굽거나 가마솥에 찐 자는 똑같이 쇠 항아리에 던져져 굽이거나 삶기는 고통을 당한다. 고통에 시달리다 죄인의 숨이 끊어지면, 옥졸은 숨을 불어 넣어 곧바로 소생시킨다. 그리고 또다시 처음과 똑같은 고통을 가한다. 이처럼 똑같은 고통이 끝없이 반복된다.

여기서 독자들은 한 가지 의문이 들 것이다. 죽은 사람이 어떻게 또다시 죽는가?라고. 그렇지만 잘 생각해보자. 우리는 현세에서 죽으면 다시 내세에 태어난다. 그러므로 그 태어나는 장소가 지옥이라고 한다면, 지옥의 죄인은 지옥에서 살아가는 것이다. 그리고 지옥에서 살고 있다면 당연히 죽음을 맞이한다. 즉 지옥에서 인간(죄인)은 고통을 당하다가 몇 번이고 죽음을 반복하는 것이다. 이처럼 본래 모습대로 다시 태어나 고통을 당하다가 죽음을 반복하기 때문에 '지옥'인 것이다.

여덟 번째, 지옥에 떨어지면 죄에 대한 형벌을 반드시 받지만, 동시에 옥졸은 죄인에게 '참회'와 '반성'을 요구한다. 그래서 옥졸은 죄인에게 게송으로 "너는 왜 참회〔뉘우침〕하지 않느냐?"고 질책하는 것이다. 이것은 인과응보의 원리가 적용되지만 보다 중요한 것은 '참회'를 통해 지옥에서 벗어날 수 있다는 것을 우리에게 제시하고 있다.

그리고 팔한지옥은 알부타頻部陀지옥 · 니랄부타尼剌部陀지옥 · 알찰타頻哳陀지옥 · 확확파臛臛婆 또는 학학파郝郝婆지옥 · 호호파虎虎婆지옥 · 올발라嗢鉢羅지옥 · 발특마鉢特摩지옥 · 마하발특마摩訶鉢特摩지옥의 8곳이 존재한다.* 그래서 지옥은 팔열지

---

* 알부타(arbuda)란 종기(부스럼, 물집)를 말하는데, 몸에 종기가 날 정도로 추운 지옥이라는 의미이다. 니랄부타(nirabuda)란 추위 때문에 종기가 터진 상태를 말하며, 알찰타〔아타타(atata)〕는 추워서 소리를 낼 수가 없어 혀끝만 움직이는 것을 말한다. 그리고 학학파〔하하바(hahava)〕는 입을 움직이지 못해 목구멍에서 괴상한 소리를 내는 것을 말하며, 호호파〔후후바(huhuva)〕는 입술 끝만 움직이며 신음을 내는 것을 말한다. 올발라〔우트팔라(utpala)〕는 추위 때문에 동상에 걸려 온몸이 푸른색으로 변한 것을 말한다. 그리고 발특마〔파드마(padma), 붉은 연꽃〕는 추위 때문에 온몸이 붉게 된 상태를 말하며, 이것이 더욱 악화되어 온몸이 더욱 붉게 물들며 피부가 연꽃 모양으로 터진 것을 마하발특마〔마하파드마(mahāpadma)〕라고 한다. 또는 피부가 홍적색紅赤色이 되기 때문에 홍

옥 8곳, 팔한지옥 8곳과 소지옥 128곳을 합쳐 144곳이 있는 것이다.

그런데 한 가지 독자들에게 미리 양해를 구할 것이 있다. 앞에서 언급했지만, 팔열지옥의 전체 소지옥의 수는 128곳이다. 하지만 실제로 경전에서 기술한 소지옥의 수는 116곳이다. 경전에서는 등활지옥의 소지옥 16곳 중에서 7곳, 흑승지옥의 소지옥 16곳 중에서 3곳만 설명하고 나머지는 전혀 언급이 없다. 그리고 대규환지옥의 소지옥은 16곳이 아니라 2곳을 추가하여 18곳이다. 따라서 (128곳+2곳)-(9곳+13곳)=108곳이다. 그러므로 필자가 실제로 설명한 지옥은 팔열지옥 8곳과 그 부수하는 소지옥 108곳으로, 총 116곳임을 미리 알려드린다.

이제 구체적으로 8곳의 뜨거운 지옥(팔열지옥)과 그에 부수하는 108곳의 소지옥을 차례대로 여행해보자. 먼저 등활지옥부터 시작한다.

런나락가紅蓮那落迦라고도 한다. 이처럼 알찰타·확확파·호호파 지옥은 소리에 근거한 명칭이며, 나머지 지옥은 신체의 변화를 근거로 이름 붙인 지옥이라는 것을 알 수 있다.(앞의 책, 허암)

1 등활지옥
살생한 자가 떨어진다

팔열지옥의 첫 번째는 '등활지옥(等活地獄, saṃjīva-naraka)'이다. 등활은 범어 삼지바(saṃjīva)의 번역으로 삼(saṃ)은 '함께·똑같이', 지바(jīva)는 '살다'라는 의미이므로 '똑같이 되살아나다'는 뜻이다. 다시 말해 옥졸에게 온갖 괴로움을 당해 죽은 듯하다가 본래와 똑같이[等] 소생[活]하여 다시 괴로움에 핍박당하기 때문에 '등활지옥'이라고 한다.

등활지옥은 전생에 어떤 죄를 지은 자가 떨어질까? 이곳은 산 생명을 해친 자가 떨어진다. 다시 말해 살인죄를 범한 자들이나 인간 이외의 생물을 살해한 자들이 떨어지는 지옥이다. 좀 더 구체적으로 말하면, 등활지옥에는 착한 사람이나 계율을 지키는 자나 선행을 행한 자를 죽이거나, 살생을 하고도 뉘우치지 않고 도리어 자랑하면서 남에게도 살생을 가르치거나 권유한 자가 떨어지는 곳이다. 이곳은 죄가 가장 가벼운 죄인이 떨어지는 지옥이다.

이곳에 떨어진 죄인은 전생에서 언제나 거칠고 폭력적이었다. 그래서 이곳에 와서도 그런 습관을 버리지 못하고, 타인에게 적개심을 품어서 해할 생각으로 보는 사람마다 마치 사냥꾼이 사슴을 만난 것처럼 싸움을 걸며, 그것도 죽을 때까지 계속해서 싸움을 한다. 이런 죄인을 보고서 옥졸은 '서로 죽여'라고 더욱더 싸움을 부추긴다. 만약 주저하는 죄인이 있다면, 옥졸은 강제로 서로 살해하도록 시킨다. 왜냐하면 살생을 당한 사람이나 동물의 고통, 그리고 그 죄의 깊이를 죄인에게 알게 하기 위해서다.

여기서 사족을 달자면, 『정법염처경』과 『세기경世記經』에서는 등활지옥을 '상지옥想地獄'이라고 한다. 그 이유를 『세기경』에서는 죄인들 서로 간에 칼로 살해하려고 생각(想)하여 그것을 실행하기 때문에, 또는 죄인들이 서로 살해하여 죽었다고 하여도 서늘한 바람이 불어와 다시 소생시킨다고 생각(想)하기 때문에 '상지옥'이라고 이름 붙였다고 한다.

이곳에 떨어진 죄인들은 옥졸에게 어떤 고통을 받을까? 우두牛頭와 마두馬頭의 모습을 한 옥졸들은 쇠갈고리나 철봉을 휘둘러 죄인의 정수리에서 발끝까지 산산이 부수어 마치 흙덩이처럼 만들어버린다. 또는 요리사가 마치 생선을 자르듯이, 옥졸이 날카롭고 예리한 칼로 죄인의 몸을 잘게 자른다.

이런 고통에 시달리다 죄인의 숨이 끊어지면, 서늘한 바람이

불어와 죄인을 되살린다. 또는 옥졸이 '활활活活', 즉 '살아나라, 살아나라'고 주문을 외워서 죄인을 이전의 모습과 똑같이 다시 소생시킨다. 되살아난 죄인은 계속해서 이전과 똑같은 고통을 받게 된다. 이처럼 끊임없이 반복해서 죄인은 옥졸에게 고통을 받는다.

등활지옥은 어디에 있을까? 등활지옥은 섬부주[지구]의 지하 5천 유순 아래에 있다고 한다. 이곳의 크기는 어느 정도일까? 이곳의 크기는 동서남북으로 각각 1만 유순*이라고 한다. 그리

---

*   유순由旬이란 범어 '요자나(yojana)'의 음사로, 소[牛]가 하루 동안 걸어 갈 수 있는 거리를 말한다. 그래서 1유순은 대략 14km 정도이다.

고 형벌의 고통은 어느 기간 동안 계속될까? 우리가 살고 있는 사바세계의 하루는 등활지옥의 900만 년에 해당되는데, 등활지옥의 형벌 기간이 500년이라고 한다. 500년×900만년=? 도저히 계산할 수 없는 천문학적 시간이다. 이처럼 끊임없이 죽고 되살아나면서 죄인은 고통을 받는다.

이제 등활지옥에 부수하는 '소지옥(處)'에 대해 알아보자.

사족일지 모르지만, 세친 보살(400~480)의 저작인 『구사론』에서는 소지옥을 '증(增, utsada)'이라고 한다. 본래 지옥에서 충분히 고통을 당했지만 별도의 괴로움을 더 받는 곳, 또는 괴로움을 주는 도구가 다양하기 때문에, 또는 본래 지옥에서 이미 죄에 상응하는 괴로움을 받았으면서 거듭해서 고통을 당하기 때문에, 소지옥을 증增이라고 한다. 구마라집 스님(344~413)은 '해당하는 지옥에 딸린 정원'이라는 의미로 '원園'이라고 한역하였다. 한편 일본 헤이안 시대에 활동한 겐신(源信, 942~1017) 스님의 저작인 『왕생요집』에서는 '지옥과는 다른 별도의 곳'이라는 뜻인 '별처別處'와 '이처異處'를 혼용해서 사용한다. 그리고 『정법염처경』에서는 소지옥을 '처處'라고 표기한다. 이처럼 소지옥의 명칭이 문헌에 따라 조금씩 다르다. 필자는 『정법염처경』의 표기에 따라 소지옥을 '처處'라고 하였다.

시니처屎泥處

등활지옥의 첫 번째 소지옥은 시니처屍泥處 또는 시분처屍糞處이다. 시屍란 시체, 니泥는 진흙, 분糞이란 똥을 말한다. 쉽게 말하면 이곳은 똥오줌이 가득한 '분뇨 소지옥(糞尿小地獄)'이다.

어떤 죄를 지으면 시분 소지옥, 즉 분뇨 소지옥에 떨어질까?

이곳은 연약한 사슴이나 새 등의 작은 동물을 살해한 자가 떨어지는 소지옥이다. 또는 독수리나 매를 시켜 작은 새를 살해하거나 사슴을 포위해서 살해한 자가 떨어지는 곳이다. 간단하게 말하면 새와 같은 작은 날짐승이나 사슴과 같은 연약한 동물을 살해한 자가 떨어지는 곳이다.

요즈음 말로 하면 자기보다 약한 자를 괴롭히고 구타하고 살해한 자가 떨어진다고 할 것이다. 다시 말해 유기견 등을 학대하거나 잔인하게 살해하는 사람이 떨어지는 곳이다. 이것을 확대해서 해석하면, 연약하고 자기 방어 능력이 없는 장애인이나 영유아를 구타하고 살인한 자도 떨어지는 곳이라고 할 수 있다.

이곳에 떨어진 죄인은 어떤 고통을 받을까?

우선 이곳에서는 똥오줌이 펄펄 끓어오르는 커다란 똥통에 죄인을 던져 똥오줌을 먹게 한다. 죄인이 거부하면 옥졸은 죄인의 입을 억지로 벌려 깔때기를 꽂아서 부어넣는다. 참을 수 없는 뜨거움과 강렬한 악취가 죄인을 덮치기 때문에 어떻게든 도망치려고 한다. 죄인이 도망치려고 하면 옥졸은 죄인을 붙잡아서 다시 똥통에 던진다. 그러면 죄인은 펄펄 끓어오르는 똥오줌에 삶겨지고, 강렬한 악취로 질식사한다. 이런 고통에 시달리다 죄인의 숨이 끊어지면 옥졸은 곧바로 소생시켜 또다시 고통을 가한다.

게다가 죄인이 똥오줌을 먹으면, 그 속에는 입은 침과 같이 날카롭고, 몸은 희고, 머리는 검으며, 금강석같이 단단한 이빨을 가진 벌레가 무수하게 있다. 그 벌레들은 죄인의 몸속으로 들어가 혀, 심장, 폐, 골수 등을 차례대로 먹는다. 죄인은 너무나 고통스러워 울부짖으면서 용서해달라고 애원하지만, "옥졸은 '너는 사람을 때려서 상처 입히고, 입술을 찢고, 이빨을 부러뜨리고, 입에서 피를 흘리게 하지 않았느냐. 지금 여기서 그 대가를 받는 것이다. 더 먹어라.'라고 하면서 벌레를 떠서 죄인의 입에 부어넣는다. 결국 죄인은 벌레에게 전부 먹혀서 벌레의 항문에서 똥이 되어 나온다."(앞의 책, 山本健治) 그러면 옥졸은 그것을 모아 곧바로 죄인을 소생시킨다. 그리고 다시 똑같은 고통을 죄인에게 가한다. 이런 고통이 끊임없이 반복된다. 그러면서도 옥졸은 죄인에게 "왜 너는 뉘우치지 않느냐!"라고 참회와 반성을 요구한다.

이곳에서 악업이 다하면 어느 세계로 윤회 전생할까? 이곳의 악업이 다하여 새나 사슴으로 태어나더라도 다른 새나 짐승에게 잡아먹히며, 전생의 조그만 선업 덕분에 천계나 인간으로 태어나더라도 수명이 짧다고 한다.

도륜처刀輪處

등활지옥의 두 번째 소지옥은 도륜처이다. 도륜처란 칼 도刀, 돌 륜輪 자이므로, '칼이 돌고 있는 소지옥'이다. 다시 말해 마치 칼날〔刀〕이 나뭇잎처럼 돌면서〔輪〕 떨어져 죄인의 몸을 찌르고 잘라서 고통을 주는 곳이다.

도륜 소지옥에는 어떤 죄를 지은 자가 떨어질까?

이곳은 자신의 욕망으로 말미암아 타인의 물건을 빼앗고 '칼'로 살해한 자가 떨어진다. 즉 강도 살인범이 떨어진다. 게다가 자신의 행동을 반성하지 않고 타인에게 강도·살인을 교사한 자도 떨어지는 소지옥이다. 즉 강도 살인 교사범이 떨어진다.

요즈음 성인뿐만 아니라 청소년들이 집단으로 친구를 폭행하고 칼로 위협하여 금품을 빼앗는 사건이 자주 일어난다. 게다가 살해하는 경우도 있다. 이런 사람은 반드시 이곳에 떨어져 그 대가를 받는다는 것을 명심했으면 한다.

도륜 소지옥은 어떤 모습일까? 우선 이곳은 둘레가 10유순〔약 140km〕이나 되는 어둡고 견고한 철벽으로 둘러싸여 있다.

이곳에 떨어진 죄인은 어떤 고통을 당할까?

우선 옥졸은 두려움에 떨고 있는 죄인을 철벽 안으로 던져 넣는다. 이 안에는 살짝만 스쳐도 겨자씨의 가루처럼 되는 뜨거운 불꽃이 맹렬하게 타오르고 있다. 사바세계의 불은 이것과 비교하면 눈(雪)과 같다. 게다가 뜨겁고 질벅질벅한 쇳물이 여름 장마철의 소나기처럼 온 사방에서 죄인에게 쏟아져, 죄인의 온몸을 태워 고통을 가한다. 이런 고통에 시달리다 죄인의 숨이 끊어지면, 옥졸은 곧바로 죄인을 소생시킨다.

그리고 이곳에는 날카로운 칼날로 된 잎을 가진 숲(도엽림刀葉林)이 있다. 이 숲에 있는 나무의 잎은 예리한 칼날로 되어 있고, 게다가 그 칼들은 밑으로 향하고 있기 때문에 그 잎들이 비처럼 떨어져 죄인의 온몸을 찌르고 잘게 자른다. 이처럼 이곳에 떨어진 죄인은 전생에서 칼로 생명을 해쳤기 때문에 똑같이 칼에 찔리고 잘리는 고통을 당하는 것이다. 그래서 '도륜 소지옥'이라고 한다. 너무나 고통스러워 죄인은 옥졸에게 용서해 달라고 애원하지만, 옥졸은 '타인에게 폭행당하고, 살해당한 자의 고통을 똑같이 맛보게 하기 위한 것이다. 이 모든 고통은 그 대가이다.'고 꾸짖으며, 죄인에게 끊임없이 고통을 가한다.

그리고 경전에는 이곳의 악업이 다하면 어느 곳으로 윤회하는지 설명이 없어서 생략한다.

옹숙처瓮熟處

등활지옥의 세 번째 소지옥은 옹숙처瓮熟處 또는 옹열처瓮熱處이다. 옹숙처란 항아리 옹瓮, 삶을 숙熱이므로, '뜨거운 항아리 소지옥'이다. 구체적으로 설명하자면 죄인을 묶어서 뜨거운 쇠 항아리에 던져 넣어 콩과 같이 통째로 삶아 고통을 주는 곳이다.

전생에 어떤 죄를 지으면 이곳에 떨어질까?

우선 사람을 '태워서' 살해한 자가 이곳에 떨어진다. 요즈음 말로 하자면 남의 집에 불러 질러 사람을 태워 죽인 방화범이 떨어진다. 그리고 낙타·원숭이·양·새 등을 '산채로' 굽거나 삶아서 먹은 자도 옹숙 소지옥에 떨어진다.

또한 말·토끼·곰 등의 털이 있는 동물을 먹기 위해 또는 판매하기 위해 그 털을 뽑고서 '산채로' 굽거나 찐 자도 떨어진다. 다시 말해 사람이든 동물이든 '산채로' 태우거나 삶아 살해한 자가 떨어진다. 더불어 이렇게 살해된 동물을 구매해서 먹은 자도 이곳에 떨어진다.

요즈음 말로 하자면 불을 질러 사람을 태워 죽인 방화범 및 동물을 고통스럽게 하여 살해한 자가 떨어진다. 예를 들자면 거위나 오리의 간을 키우기 위해 강제로 물을 먹여 고통스럽게 죽인 자나 보신탕을 맛있게 한다고 몽둥이로 개를 수차례 구타해서 죽인 자들이 떨어지는 소지옥이라고 할 수 있다. 더불어 그런 요리를 먹은 자도 이곳에 떨어진다고 할 것이다.

옹숙 소지옥에 떨어진 죄인은 어떤 고통을 받을까?

이곳에 떨어진 죄인은 우선 전생에서 저지른 악행대로 옥졸에게 털이 뽑히고 태워지고 삶겨지는 고통을 당한다. 또한 옥졸은 죄인을 커다란 쇠 항아리에 넣어, 마치 콩이 냄비에서 볶여져 튀어 날아가는 것처럼 굽고 삶는 고통을 가한다. 이런 고통을 참을 수 없는 죄인이 튀어 나오려 하면 옥졸은 도망치지 못하게 덮개를 눌러 굽는다. 그래서 '옹숙 소지옥'이라고 한다.

또는 낙타 등의 동물을 태우고 '삶아' 먹은 죄인은 전생에서 한 짓과 똑같이 펄펄 끓는 붉은 구리 액이 들어 있는 커다란 가마솥에 넣어져 삶겨진다. 너무나 고통스러워 죄인이 가마솥에서 빠져나오려고 머리를 내밀면 옥졸은 죄인의 머리를 철봉으로 때려 다시 가라앉힌다.

이런 고통을 끊임없이 당한 죄인은 옥졸에게 차라리 죽여 달라고 절규하지만, 옥졸은 죄인을 쉽게 죽이지도 않는다. 옥졸에게 털이 뽑히고 태워지고 삶겨지고 얻어맞고 시달린 끝에 죄인의 숨이 끊어지면, 옥졸은 곧바로 죄인을 소생시킨다. 그리고 처음과 똑같은 고통을 가한다. 이런 고통을 가하는 이유는 굽히거나 삶겨진 동물의 고통을 죄인에게도 알게 하고, 똑같이 되갚아 주기 위한 것이다.

그런데 이 옹숙 소지옥에 떨어지는 자를 굳이 '털이 있는 동물'을 살해한 죄인으로 한정해서 고통을 주는 이유는 무엇 때문일까? 왜냐하면 자신의 생명을 유지하기 위해 동물을 살해하는 것과 모피·상아·뿔 등을 취해서 팔기 위해 동물을 살해하거나 자신의 몸보신을 위해 곰을 살해해서 그 웅담이나 쓸개를 취하는 것은 죄의 깊이가 다르기 때문이다. 불교에서는 살생을 금하고 있지만, 자신의 생명을 유지하기 위해 어쩔 수없이 동물을 살생하는 경우에는 용납되기 때문이다. 게다가 불교에서는 '방생'을 통해 그 죄를 참회하면, 그 죄를 면할 수 있는 좋은 법회도 있다.

이곳에서 악업이 다하면 어느 세계로 윤회 전생할까? 먼 과거의 선업이 조금이라도 남아 있으면 아귀나 축생으로 태어나지 않지만, 전생의 조그만 선업 덕분에 천계나 인간으로 태어나더라도 수명이 짧다고 한다.

다고처多苦處

등활지옥의 네 번째 소지옥은 다고처이다. 다고처란 많을 다多, 괴로울 고苦 자이므로 '괴로움을 많이 받는 소지옥'이라는 뜻이다. 무엇 때문에 '다고 소지옥'이라고 이름 붙였을까? 이곳은 이름 그대로 수천 가지 이상의 수많은 고통을 주는 소지옥이기 때문이다.

전생에서 어떤 죄를 지은 자가 '다고 소지옥'에 떨어질까?

이곳은 전생에 타인을 여러 가지 방법으로 괴롭힌 자가 떨어지는 소지옥이다. 경전에는 어떤 죄를 지은 자가 이곳에 떨어지는지 구체적인 언급이 없다. 그래서 이곳에 떨어져 받는 형벌을 참조하여 유추해보면 다음과 같다. 이곳은 밧줄로 사람을 묶어서 구타했거나 사람을 높은 곳에서 밀어 떨어뜨린 자, 연기를 마시게 하여 사람을 괴롭힌 자, 고문으로 사람에게 고통을 준 자 등이 떨어진다. 특히 이 소지옥은 아이에게 공포를 주거나 학대한 죄인이 떨어지는 곳이다.

이곳에 떨어진 죄인은 어떤 형벌을 받는지 경전을 참고하여 열거해 보면, 나무로 눌러 괴롭히고, 노끈으로 거꾸로 매달고, 불로 머리카락을 태우고, 가시밭길을 걷게 하고, 절벽에서 밀고, 뜨겁거나 차가운 물에 담구고, 묶어서 나무에 매달고, 생식기를 뽑고, 바늘로 찌르고, 코끼리에게 짓밟히게 하는 등 갖가지의 고통을 가한다. 이처럼 수많은 고통을 주기 때문에 '다고 소지옥'이라고 한다.

그리고 모든 지옥이 동일하지만, 이 소지옥도 전생에서 죄인이 행한 악행과 똑같은 고통을 당한다. 예를 들어 전생에서 누군가를 묶어서 때리거나 고문한 죄인은 이곳에서 똑같이 묶인 채로 옥졸에게 쇠몽둥이로 얻어맞고 갖가지 고문을 당한다. 집단폭행을 가한 죄인은 여러 명의 옥졸에게 집단으로 구타당한다. 이처럼 전생에서 죄인 자신이 행한 폭력과 잔악함을 그대로 되갚아 준다.

특히 다고 소지옥은 아동을 학대한 죄인이 떨어지는데, 전생에서 아이에게 가한 학대와 동일한 고통을 맛보게 된다. "예를 들어 아이를 불로 지졌거나 아이에게 뜨거운 물을 부어 화상을 입힌 죄인은 똑같이 화상을 입게 한다. 또한 전생에서 아이를 얼어 죽게 만든 죄인은 얼음 속에 넣어 고통을 주거나 얼은 물에 집어넣어 똑같은 고통을 맛보게 한다. 아이를 질식사시킨 죄인은 입과 코를 옥졸에게 틀어 막히는 고통을 당한다. 아이의 입이나 코에 물을 부어 고통을 준 죄인은 거꾸로 매달린 채로 입이나 코에 물을 부어 고통을 준다. 또한 아이의 손톱을 뽑아 고통을 준 죄인은 똑같이 옥졸에게 손톱을 하나씩 뽑히는 고통을 당하며, 아이의 머리채를 잡아끌고 돌아다닌 죄인은 옥졸에게 머리털을 하나씩 뽑히는 고통을 당한다. 머리털과 손톱을 전부 뽑히면 곧바로 되살아나는데, 그러면 옥졸은 처음부터 다시 죄인의 손톱과 머리털을 하나씩 뽑는다."(앞의 책, 山本健治) 죄인이 울면서 구해달라고 애원하지만 옥졸은 절대로 용서해 주지 않는다. 그 후에 옥졸은 죄인을 뜨겁게 데워진 커다란 가마솥에 집어넣어 태운다. 죄인이 화상을 입으면, 이번에는 그 화상 입은 곳을 기와로 힘껏 내려쳐 수포가 터지게 하여 짓무른

살이 드러나게 한다. 그러면 또다시 옥졸은 그곳에 소금을 뿌린다. 그 고통은 실로 말로 표현할 수가 없다. 죄인은 울면서 바동바동 몸부림친다.

다고 소지옥에서 가장 심한 고통을 받는 죄인은 아동을 성적 학대한 경우이다. 전생에서 아이에게 한 짓 그대로 성적 학대를 당하는데, 옥졸은 쇠고리를 죄인의 머리에 끼워서 끌고 다닌다. 그리고 뜨거운 열에 의해 질퍽질퍽하게 된 철·납·주석·구리 액 등을 죄인의 입·코·귀에 쏟아 붓는다. 게다가 예리한 창이나 날카로운 나무로 죄인의 항문이나 성기를 찔러 고통을 가한다. 죄인이 엄청난 고통으로 숨이 끊어지면 옥졸은 곧바로 소생시켜 또다시 똑같은 고통을 가한다. 이처럼 끝없이 반복해서 여러 가지 고통을 받는 소지옥이다.

이곳에서 악업이 다하면 어느 세계로 윤회 전생할까? 먼 과거 전생의 선업이 남아 있으면 아귀나 축생으로 태어나지 않지만, 그 조그만 선업 덕분에 인간으로 태어나더라도 타인에게 얻어맞거나 모함을 당하며, 가까운 사람[처자, 친구, 동료]에게 미움을 받는다고 한다.

암명처闇冥處

등활지옥의 다섯 번째 소지옥은 암명처이다. 암명처란 어두울

암闇, 어두울 명冥 자이므로, 어두운 지옥이다. 쉽게 표현하자면 '어두운 불로 태우는 지옥〔暗闇火焰地獄〕'이다.

암명 소지옥에는 어떤 죄를 지은 자가 떨어질까?

이곳은 사교〔사이비 종교〕의 잘못된 가르침에 빠져 염소 등을 입과 코를 틀어막아 질식사시킨 자 또는 곤봉이나 철봉으로 때려서 살해한 자, 거북을 두 벽돌 사이에 넣고 눌러서 압사시켜 죽인 자가 떨어지는 소지옥이다. 다시 말해 염소나 거북 등을 죽여서 제사를 지내면 행복하게 된다는 것을 믿고서 실행한 자가 떨어지는 곳이다. 요즈음에도 사이비종교에 빠져 이런 짓을 하는 사람이 끊이지 않는다. 불교도라면 누구나 알고 있겠지만, 행복은 다른 동물을 희생시켜 얻는 것이 아니라 수행, 참회, 보시로 시작해서 마무리된다는 것을 직시했으면 한다.

그렇다면 암명 소지옥에 떨어진 죄인은 어떤 고통을 당할까?

우선 이곳에 떨어진 죄인은 바늘구멍만큼의 빛조차도 없는 어두운 곳에서 천 년을 지내야 한다. 그리고 이곳에서는 어두운 불꽃〔암명화염〕으로 죄인을 태워 고통을 가한다. 그래서 '암명 소지옥'이라고 한다. 이 어두운 불꽃은 지옥에만 있는 불이다. 눈에는 보이지 않지만, 엄청나게 뜨겁다. 이 암명화염이 높은 산에서 불어와 죄인의 온몸을 전부 태워버린다. 그러면 죄인은 폭풍 속의 나뭇잎처럼 태워져 골짜기 사이로 날아가버린다.

이곳의 모든 산은 면도칼처럼 예리하고 우뚝하게 솟아서 깎아지른 듯한 낭떠러지로 되어 있기 때문에 부딪치면 칼로 베이는 것과 같은 고통을 당하는데, 죄인은 면도칼 같은 산에 이리 부딪치고 저리 부딪쳐서 가루가 되어 버린다. 고통에 시달리다 죄인의 숨이 끊어지면 옥졸은 곧바로 소생시킨다. 죄인이 울부짖으면서 용서를 구하지만, 옥졸은 절대로 용서해 주지 않는다. 게다가 옥졸은 "염소나 거북 등은 너와 똑같은 고통을 당했다. 그 고통을 알겠는가?"라고 성난 목소리로 죄인을 꾸짖는다. 이처럼 옥졸은 살생한 죄의 깊이를 죄인에게 알게 하기 위해 끊임없이 고통을 가한다. 또한 동시에 옥졸은 죄인에게 '왜 너는 뉘우치지 않느냐!'고 참회와 반성을 요구한다.

　이곳에서 악업이 다하면 어느 세계로 윤회 전생할까? 먼 과거 전생의 선업이 남아 있으면 아귀나 축생으로 태어나지 않지만, 그 조그만 선업 덕분에 인간으로 태어나더라도 감옥에서 평생을 보내며 수명이 짧다고 한다.

불희처不喜處

등활지옥의 여섯 번째 소지옥은 '불희처'이다. 불희처란 아니 불不, 기쁠 희喜 자이므로, '죄인을 괴롭히는 무서운 소리만 들리기 때문에 기쁨이 전혀 없고 고통만 있는 소지옥'이다.

　불희 소지옥에는 어떤 죄인이 떨어질까?

이곳은 짐승을 사냥하기 위해 산으로 들어가 북을 치거나 고성을 내어 사슴·새·원숭이·늑대·곰 등을 살해한 자가 떨어지는 소지옥이다. 간단하게 말하자면, 큰 소리로 동물을 놀라게 하여 살해한 자가 떨어지는 곳이다. 옛날에는 사냥을 할 때, 여러 사람이 모여 북이나 꽹과리를 울려 짐승들을 한 곳으로 몰아 집단으로 사냥을 했다. 이런 이들이 떨어지는 소지옥이다. 한마디로 동물 사냥꾼이 떨어진다고 할 것이다.

　이곳에서 죄인은 어떤 고통을 당할까?

　이곳은 밤낮으로 엄청난 화염으로 불타고 있는 소지옥이기 때문에, 우선 죄인을 불태워 고통을 가한다. 동시에 전생에서 커다란 '소리'를 내어 동물을 살해한 죄를 범했기 때문에, 죄인은 예리한 부리에서 뜨거운 열을 뿜어내면서, 흉악하고 공포스러운 '소리'로 우는 새에게 습격당하여 쪼아 먹히는 고통을 당한다. 큰 소리로 동물을 놀라게 해서 살해했기 때문에 그 대가를 똑같이 받는 것이다

　또한 철로 된 뜨거운 이빨을 가진 여우·까마귀·독수리·개 등이 흉측하고 괴이한 '소리'를 내면서 다가와 죄인을 먹어치운다. 그러면 죄인의 살과 뼈가 그 주변에 어지럽게 흩어진다. 이처럼 무서운 소리와 함께 기쁨이 전혀 없는 고통을 당하기 때문에 '불희 소지옥'이라고 한다. 이런 고통을 도저히 참을 수 없는 죄인은 울부짖으면서 용서를 구하지만, 옥졸은 절대로 용서해

주지 않는다.

또는 금강석과 같이 단단하고 예리한 쇠 부리를 가진 벌레가 죄인의 찢어진 입으로 들어가 살을 먹고, 뼈 속으로 침투하여 골수를 전부 빨아 마셔버린다. 그리고 마지막으로 독을 품어내어 죄인에게 고통을 가한다. 죄인은 이와 같은 고통을 끊임없이 당한다.

이곳에서 악업이 다하면 어느 세계로 윤회 전생할까? 먼 과거 전생의 선업이 남아 있으면 아귀나 축생으로 태어나지 않지만, 그 조그만 선업 덕분에 인간으로 태어나더라도 항상 근심 걱정이 끊이지 않아 조금의 기쁨도 없다(不喜)고 한다.

극고처極苦處

등활지옥의 일곱 번째 소지옥은 극고처이다. 극고처란 극한 극極, 괴로울 고苦, 즉 '극한의 고통을 받는 소지옥'이다.

이곳에는 어떤 죄인이 떨어질까?

이곳은 자신의 취미나 즐거움을 위해 짐승을 살해한 자들이 떨어지는 소지옥이다. 즉 먹고살기 위해 동물을 사냥하는 것이 아니라 취미삼아 사냥을 즐기는 사람이 떨어지는 곳이다. 이것을 확대 해석해보면 생계를 위해 물고기를 잡는 것이 아니라 단순히 취미로 물고기를 잡는 낚시꾼도 이런 지옥에 떨어질 가능성이 있다는 것이다. 물론 생계를 유지하기 위한 수단이라면 당연히 예외일 것이다. 그러므로 불교신자라면 산 생명을 죽이는 사냥이나 낚시는 가능한 삼가하는 것이 좋을 것 같다.

극고 소지옥에 떨어진 자는 어떤 벌을 받을까?

우선 이곳은 험준한 바위로 된 계곡에 죄인을 밀어 넣어 뜨거운 철〔철화鐵火〕로 태워 고통을 준다. 뜨거운 열기에 의해 죄인의 숨이 끊어지면 옥졸은 숨을 불어 넣어 곧바로 소생시켜 죄인에게 '극한의 고통'을 가한다. 그래서 '극고 소지옥'이라고 하는 것이다.

게다가 높은 절벽에서 떨어진 죄인은 주위를 돌아보면서 그곳이 어디인가 확인할 사이도 없이 옥졸에게 쫓겨 숨을 헐떡이며 달려가면 어느새 높은 산을 오르고 있다. 그리고 정상까지 쫓겨 되돌아보는 순간 옥졸이 철봉을 휘두르면서 쫓아와 순식간에 험준한 절벽으로 죄인을 밀어서 떨어뜨린다. 사바세계에서는 높은 절벽에서 떨어져 살 수 없지만, 이곳에서는 간단하게 죽이지 않는다. 높은 절벽에서 떨어진 죄인은 온몸에 타박상을 입어, 마치 두부를 떨어뜨린 것 같이 살도 뼈도 말랑말랑하게 부서지고, 온몸에서 피가 튀어나온다. 그러면 이번에는 헤아릴 수 없이 많은 쇠 개가 죄인의 몸을 물어뜯어, 피를 뚝뚝 흘리면서 먹어치운다. 그리고 쇠로 된 개는 이빨에서 불을 뿜어내고 있기 때문에 죄인의 몸은 물어뜯기면서 태워진다. 고통에 시달리다 죄인의 숨이 끊어지면 옥졸은 다시 소생시켜 똑같은 고통을 가한다.

이곳에서 악업이 다하면 어느 세계로 윤회 전생하는지에 대해서는 경전에 언급이 없어 생략한다.

이처럼 등활지옥의 소지옥에 떨어지는 죄인은 주로 살생을 범한 자들이 떨어져, 전생에서 행한 행위의 대가를 똑같이 받는다. 그렇다고 동물이나 물고기를 살해하면 무조건 지옥에 떨어지는가? 그렇지 않다. 그래서 이런 사람들을 위해 '방생기도' 법회가 있는 것이다. 즉 먹고 살기 위해 어쩔 수 없이 동물이나 물고기를 살해했더라도 방생기도를 통해서 참회를 하면 얼마든지 구제될 수 있다.

이상으로 등활지옥의 소지옥에 대한 설명을 마치겠다. 왜냐하면 『정법염처경』과 『왕생요집』에 나머지 소지옥에 대한 설명은 없고 단지 명칭만 소개하고 있기 때문이다. 다른 문헌에서도 자세한 언급이 없다. 그래서 그 명칭만 소개하겠다.

여덟 번째 소지옥은 '중병처衆病處'이다. 이곳은 죄인에게 갖가지〔衆〕병〔病〕으로 고통을 가하는 소지옥이라고 할 것이다.

아홉 번째 소지옥은 '우철처雨鐵處'이다. 마치 소낙비〔雨〕처럼 쇳덩어리〔鐵〕가 떨어져 죄인의 온몸을 조각조각 내어 고통을 가하는 소지옥이라고 추측할 수 있다.

열 번째 소지옥은 '악장처惡杖處'이다. 옥졸이 뜨겁게 달구어진 쇠 지팡이〔惡杖〕를 무지막지하게 휘둘러 죄인들을 구타하고 불태우는 소지옥이라고 할 것이다.

열한 번째 소지옥은 '흑색서랑처黑色鼠浪處'이다. 금강과 같이 단단하고 날카롭고 예리한 이빨을 가진 검은 색〔黑色〕의 쥐〔鼠〕나 늑대〔浪〕가 죄인의 온몸을 물어뜯어 고통을 가하는 소지옥이라고 할 것이다.

열두 번째 소지옥은 '이이회전처異異回轉處'이다. 옥졸이 죄인을 이리저리〔異異〕 끌고 다니면서 온갖 고통을 가하거나 활활 불타고 있으면서 빙글빙글 돌고 있는 쇠바퀴에 죄인을 집어넣어 회전回轉시켜 고통을 가하는 소지옥이라고 할 것이다.

열세 번째 소지옥은 고핍처苦逼處이다. 구체적으로 알 수 없지만, 글자 그대로 해석하면 옥졸이 죄인을 온갖 고통〔逼〕으로 핍박〔逼〕을 가하는 소지옥이라고 추측할 수 있다.

열네 번째 소지옥은 발두마만처鉢頭摩鬘處이다. 발두마란 '붉은 연꽃(padma)'을 의미한다. 즉 붉은 연꽃〔鉢頭摩〕이 피어〔鬘〕 있는 아름다운 연못에 죄인을 뛰어들게 하여 고통을 가하는 소지옥이다. 죄인에게는 붉은 연꽃이 피어 있는 아름다운 연못으로 보이지만, 사실은 연꽃의 잎은 날카로운 가시가 꽂혀 있고, 연못은 불과 피의 색깔로 붉게 물들어 있다.

열다섯 번째의 소지옥은 '피지처陂池處'이다. '피지'란 '물이 고여 있는 땅'이라는 의미이기 때문에 연못을 말한다. 그래서 추측해보면 구리 액이나 백랍 액이 부글부글 끓고 있는 연못〔피지〕에 죄인을 던져 넣어 고통을 가하는 소지옥이라고 할 것이다.

열여섯 번째 소지옥은 '공중수고처空中受苦處'이다. 죄인을 마치 종이처럼 공중空中에 날려, 날카롭고 예리한 쇠 부리를 가진 새에게 먹히게 하여 고통〔苦〕을 받게 하는〔受〕 소지옥이라고 할 것이다.

2 흑승지옥
도둑질한 자가 떨어진다

팔열지옥의 두 번째는 '흑승지옥(黑繩地獄, ālasūtra-naraka)'이다. 흑승이란 옛날 목수가 사용하던 먹통에 붙어 있는 먹줄[먹승]을 말한다. 먹통에는 검은 인주黑肉가 들어 있고, 작은 도르래에 말아 놓은 노끈[먹줄]이 있다. 이 먹줄에 검은 인주를 통하게 하여 자르고 싶은 나무 위에 튕겨서 선을 긋는다. 그리고 목수는 그 선을 따라 나무를 자른다.

이 흑승을 지옥의 옥졸은 어떻게 사용할까?

흑승지옥에서는 옥졸이 먹줄[흑승: 검은 쇠 오랏줄]을 사용하여 죄인의 몸에 십자로 선을 긋는다. 그리고 그은 선대로 톱이나 도끼를 사용하여 죄인의 몸을 자른다. 그러면 죄인의 몸은 조각나 여기저기로 흩어진다. 비록 죄인의 몸은 조각조각 났어도 숨은 붙어 있다. 그래도 옥졸은 계속해서 죄인의 몸을 톱이나 도끼로 자른다. 이처럼 옥졸이 흑승으로 죄인의 몸에 선을 긋고서 끊임없이 고통을 가하기 때문에 흑승지옥이라고 한다.

흑승지옥은 어디에 있을까? 등활지옥 밑에 위치한다. 크기와 고통은 어느 정도일까? 형벌의 고통은 등활지옥의 10배이고, 크기는 등활지옥과 같이 가로 세로 각각 1만 유순이다.

이곳에는 어떤 죄를 지으면 떨어질까?

이곳은 살생뿐만 아니라 '도둑질한 자'가 떨어진다. 등활지옥은 살생을 한 자가 떨어지는 곳이지만, 흑승지옥은 거기에 도둑질이 추가된다. 그러므로 강도, 살인을 범하는 자들은 무조건 이곳에 떨어지는 것이다.

이곳에 떨어지면 죄인은 어떤 고통을 당할까?

옥졸은 산과 산 사이에 쇠줄로 연결시켜, 쇠줄 위로 무거운 짐〔철산〕을 짊어지게 하여 죄인을 걷게 한다. 그러면 당연히 죄

인은 발을 헛디뎌 밑으로 떨어진다. 그 밑에는 뜨거운 물이 부글부글 끓고 있는 가마솥이 기다리고 있다. 이런 고통에 시달리다 죄인의 숨이 끊어지면 옥졸은 곧바로 소생시킨다.

게다가 쇠줄로 그물을 만들어 뜨거운 불에 벌겋게 달군다. 그리고 옥졸은 죄인을 그 그물 위로 내던진다. 그러면 죄인은 고통스러워 발버둥을 치게 된다. 그럼에도 불구하고 옥졸은 또다시 쇠 그물로 죄인의 몸을 얽어매어 더욱더 고통을 가한다. 이처럼 끊임없이 죄인에게 고통을 가한다.

이곳에도 16곳의 소지옥이 있다. 그런데 『정법염처경』에는 흑승지옥의 소지옥을 3곳만 기술하고 있다. 나머지는 전혀 언급이 없으며, 다른 자료에도 기술된 곳이 없기에 나머지 소지옥은 생략한다. 독자들의 양해를 구한다.

등환수고처等喚受苦處

흑승지옥의 첫 번째 소지옥은 등환수고처이다. 경전에 별다른 설명이 없어 정확한 의미를 알 수 없지만, 글자대로 풀이하자면 '죄인들이 똑같이〔함께〕절규하는 고통을 받는 소지옥'이라는 뜻일 것이다.

이곳에는 어떤 죄를 지으면 떨어질까?

이곳은 전생에서 잘못된 설법을 한 자, 훌륭한 계율을 부정한 자, 이 세상에 진실한 것은 없기에 삶 자체가 무의미하다고 주장(회의론자)하고서 타인에게 자살을 권하고 또한 자신도 절벽에서 투신자살한 자가 떨어진다. 요즈음 SNS 등의 사이버공간에서 삶의 의미를 찾지 못해 동반자살을 권하거나 심지어 실행에 옮기는 젊은 사람들이 있다고 한다. 이런 사람들이 떨어지는 곳이라고 할 수 있다.

여기서 한 가지 의문이 든다. 자살한 자가 아니라 무엇 때문에 절벽에서 '투신자살한 자'로 한정했을까? 부처님 당시 병으로 극심한 고통을 받고 있는 제자가 있었다. 그는 곡기를 끊어 죽기로 결심하고, 부처님에게 자살을 허용해달라고 요청하였다. 그러자 부처님은 의외로 이를 수락했다고 한다. 이런 일화는 초기경전에 다수 등장한다.* 그런데 제자 중에 절벽에서 투신자살한 자가 있었는데, 우연히 그 밑을 지나가던 여행자가 함께 죽었다. 그 소식을 들은 부처님께서는 투신자살을 금지시켰다. 이처럼 부처님은 '수범수제隨犯隨制', 즉 교단의 규범을 어기거나 질서를 파괴하는 행위가 발생할 때마다 규정을 만들었다. 이 일화를 보면, 부처님은 자살을 일부 인정한 것으로 보이지

---

* 『잡아함경』 권37, 269a-270a;『증일아함경』 49권, 819b-820c;『잡아함경』 권47, 347b-348b;『잡아함경』 권39, 286a-b. 자세한 것은 〈김명우, 「불교에서는 장기이식을 어떻게 보는가」, 『석당논총』 33집, 2003〉을 참조 바란다.

만, 투신자살만은 금지시켰다. 그래서 '투신자살한 자'는 부처님의 가르침에 위배되기 때문에 지옥에 떨어지는 것이다.

이곳에 떨어진 죄인은 어떤 고통을 당할까?

다른 지옥과 마찬가지로 우선 옥졸은 죄인을 엄청나게 뜨겁고 무시무시한 불로 태워 고통을 가한다. 또한 죄인은 쇠 이빨을 가지고 뜨거운 열을 뿜어내는 거대한 개에게 쫓겨 다니는 고통을 당한다. 그리고 옥졸은 "너는 탐욕을 제일의 불〔火〕로 삼고, 어리석음을 제일의 어둠〔闇〕으로 삼고, 분노를 제일의 원한으로 삼아, 세상에 끄달렸다. 지금의 고통은 그 대가이다."라고 질책한다. 동시에 옥졸은 죄인에게 '왜 너는 뉘우치지 않느냐!'라고 참회와 반성을 요구한다.

이뿐만이 아니다. 이곳에서는 죄인을 벌겋게 달군 먹줄로 꽁꽁 묶어 날카롭게 깎은 칼이 무수하게 꽂혀 있는 철산에 떨어뜨려 온몸을 조각조각 낸다. 옥졸은 조각나 흩어진 죄인의 살점을 뿌린다. 그러면 쇠 어금니를 가진 개가 다가와 살점을 먹는다. 죄인은 이런 고통을 끝없이 당한다.

고통은 이것으로 끝나지 않는다. 이번에는 수많은 어린 귀신이 나와서 나무로 때리고 돌을 던지며 죄인을 괴롭힌다. 도망치면서 주위 사람에게 도움을 청하지만 어느 누구도 도와주지 않는다. 도리어 "너처럼 도둑질만 하는 놈을 누가 도와주겠는가?"라고 큰소리로 비난한다. 그 소리를 듣고서 성실하게 일해야 한다는 옛날 법문에서 들었던 것을 떠올리면서 절실하게 후회한다. 그렇지만 이미 때 늦었다.

이곳에서 악업이 다하면 어느 세계로 윤회 전생할까? 전생의 조그만 선업 덕분에 인간으로 태어나더라도 남에게 재산을 빼앗기고, 남의 종이나 문지기로 살며, 늘 추위와 굶주림, 갈증으로 고통 받는다고 한다.

전다처旃茶處

흑승지옥의 두 번째 소지옥은 전다처이다. 전다처의 정확한 의미는 알 수 없지만, 전다(旃茶)를 범어 '찬다(caṇḍa)'의 음사로 해석해보면, '찬다(caṇḍa)'는 '포악·격렬한 고통 등'의 의미이므로 '격렬한 고통'으로 죄인을 괴롭히는 소지옥이라고 추측할 수 있을 것이다.

전다 소지옥에는 어떤 죄를 지은 자가 떨어질까?

이곳에는 몸이 아프지 않은데도 병자처럼 행동하고서, 병을 치료하는 목적에 사용되는 약을 몰래 입수하여 먹은 자가 떨어진다. 간단하게 말하면 아픈 사람을 치료해야 할 약품을 병자가 아닌 사람이 병자라고 위장하여 약을 편취한 자가 떨어진다.

오늘날에는 치료약을 훔치는 것은 그다지 큰 죄가 되지 않지만, 옛날에는 약품이나 약재가 귀해서 가난한 사람들은 치료를 못 받고 죽는 사람이 많았다. 그러므로 병자가 아닌 사람이 약을 편취하는 것은 병자를 죽음으로 몰아넣는 것과 같았다. 일종의 미필적 고의한 의해 살인에 해당된다. 그러므로 그 죄가 무겁다.

이곳에 떨어진 죄인은 어떤 고통을 당할까?

우선 이곳은 독수리, 까마귀, 백로 등이 죄인을 습격하여 죄인의 눈을 쪼아 먹는다. 또는 옥졸이 죄인의 혀를 뽑아 쇠절구통에 넣어 찧고, 큰 도끼로 잘게 자른다. 죄인은 너무나 괴로워하며 살려달라고 애원하지만, 옥졸은 절대로 용서해 주지 않는다.

게다가 거짓말한 죄로 옥졸에게 혀도 뽑혔기 때문에 괴로워서 울부짖어도 입만 움직이고 있을 뿐 무슨 말을 하는지 알 수 없는 상태가 된다. 죄인의 울부짖는 소리를 듣고 옥졸은 오히려 시끄럽다고 하면서 펄펄 끓는 붉은 구리 액을 죄인의 입에 부어 입과 목을 태워버린다. 죄인은 울고 싶어도 울 수 없으며 울부짖고 싶어도 울부짖을 수 없다. 게다가 펄펄 끓는 붉은 구리 액은 죄인의 입과 식도로 내려가 내장을 차례로 태운다.

이것으로 고통은 끝이 아니다. 옥졸은 커다란 쇠몽둥이와 도끼를 휘둘러, 죄인의 뼈·살·신경·근육 등이 본래 모습을 전혀 찾아볼 수가 없을 때까지 부순 후에 열풍으로 태워버린다. 옥졸이 그것을 뿌리면 독수리가 모여들어 순식간에 먹어버린다. 독수리에게 먹혀 똥으로 배출되면, 옥졸은 곧바로 죄인을 소생시킨다. 이런 고통이 끊임없이 반복된다.

이곳에서 악업이 다하면 어느 세계로 윤회 전생할까? 만일 먼 과거의 악업이 남아 있으면 아귀나 축생으로 태어나고, 혹 전생의 조그만 선업 덕분에 인간으로 태어나더라도 꼽추나 장님으로 태어나며, 게다가 목숨이 짧다고 한다. 또한 인간으로 살다가 죽으면 다시 나쁜 세계에 태어난다고 한다.

외숙처畏熟處

흑승지옥의 세 번째 소지옥은 외숙처畏熟處 또는 외취처畏鷲處이다. 외숙처란 '엄청나게 무서운〔畏〕 열로 익혀〔熟〕 고통을 주는 소지옥'이다. 또한 외취처는 '금강과 같은 부리를 가진 무서운〔畏〕 독수리〔鷲〕에게 쪼아 먹히는 고통을 당하는 소지옥'이라고 할 수 있다.

외숙 소지옥에는 어떤 죄인이 떨어질까?

자신의 탐욕을 위해 사람을 죽이거나 다른 사람의 음식물을 빼앗아 굶주려 죽게 한 자가 떨어지는 곳이다. 좀 더 자세하게 설명하자면 물욕 때문에 타인을 살해한 자, 타인을 묶어서 협박하고 도둑질한 자, 타인의 음식을 빼앗은 자, 그리고 그 결과로 음식을 빼앗긴 사람과 그 가족을 굶어죽게 한 자가 떨어지는 소지옥이다. 간단하게 말하면 강도 살인범, 도둑질한 자가 떨어지는 곳이다.

이곳은 어떤 모습일까? 간단하게 말하면 뜨거운 열기와 화염이 솟구치는 소지옥이다. 이곳의 지면 전체는 10유순이나 되는 불(火)이 무시무시한 기세로 이글거리고 있는데, 이것을 죄인은 마치 아름다운 물빛으로 착각하여 본다. 게다가 이곳은 뜨거운 열이 분출하는 쇠 가시 모양을 한 풀이 도처에 자라고 있다.

이곳에서 죄인은 어떤 고통을 당할까?

우선 죄인이 이곳에 떨어지면, 무시무시하게 이글거리는 불에 의해 태워지고 익혀진다. 그래서 '외숙 소지옥'이라고 한다. 또한 수많은 옥졸이 분노에 찬 소리를 내면서, 어떤 옥졸은 쇠망치를 휘두르거나, 어떤 옥졸은 불을 뿜어내는 칼을 쳐들고, 어떤 옥졸은 창으로 찌르거나, 어떤 옥졸은 활로 쏘면서 죄인을 쫓아온다. 죄인은 두려움에 떨면서 필사적으로 도망치지만, 지면 도처에 꽂혀 있는 쇠 가시로 된 풀에 걸려 죄인은 곧바로 넘어진다. 그러면 옥졸은 넘어져 있는 죄인을 붙잡아서 온몸을 수차례 쇠망치로 구타하거나 창으로 찌르거나 칼로 벤다. 이런 고통에 시달리다 죄인의 숨이 끊어지면, 죄인을 소생시켜 도망가게 한다. 그렇다고 옥졸은 도망가도록 놓아주지 않는다. 계속해서 죄인을 쫓아간다. 붙잡힌 죄인이 울부짖으면서 살려달라고 옥졸에게 애원하지만, 옥졸은 "너는 울면서 구해달라고 애원했는데도 타인을 사정없이 때리고, 살해하지 않았느냐? 생전에 행한 그대로 되갚아주는 것이다."고 질책하고서 끊임없이 죄인에게 고통을 가한다.

　이곳에서 악업이 다하면 어느 세계로 윤회 전생할까? 만약 먼 과거의 악업이 남아 있으면 아귀나 축생으로 태어난다. 혹 전생의 조그만 선업 덕분에 군인으로 태어나 지휘관이 되더라도 늘 빈궁하게 살고 목숨이 짧다고 한다.

　『정법염처경』과 『왕생요집』에서는 흑승지옥의 소지옥에 대해서 3곳으로 설명을 마무리하고 있다. 다른 문헌에도 자세한 언급이 없어 나머지 소지옥은 생략한다.

3 중합지옥
사음죄를 범한 자가 떨어진다

팔열지옥의 세 번째는 '중합지옥'이다. 중합지옥(衆合地獄, saṃ ghāta-naraka)이란 '괴로움을 주기 위한 여러 가지 도구들이 한 꺼번에 들이닥쳐 죄인의 몸을 핍박하고 무리지어 서로를 해치는 곳이다. 또는 죄를 지은 다수〔衆〕의 죄인을 집합〔合〕시켜 죄를 묻기 때문에 중합지옥이라고 한다.*

중합지옥은 어디에 있으며, 형벌의 고통과 그 크기는 어느 정도일까? 이곳은 흑승지옥 밑에 위치한다. 고통은 흑승지옥의 10배이고, 그 크기는 흑승지옥과 동일하게 가로 세로 각각 1만 유순이다.

이곳은 어떤 죄를 지은 자가 떨어질까?

---

*   "『왕생요집』의 근간이 되는 『정법념처경』에서는 '합지옥'이라는 용어를 쓰고 있는데 반해, 『왕생요집』에서는 '중합지옥衆合地獄'으로 되어있다. 아마도 겐신은 여러 '합지옥'을 모아서 설한다는 의미에서 중합衆合으로 명명했을 것으로 생각된다."(김성순, 2016)

이곳은 살생·도둑질뿐만 아니라 '사음죄'를 범한 자가 떨어지는 지옥이다. 다시 말해 중합지옥은 성범죄를 지은 자가 떨어지는 곳이다.

이곳에 떨어진 죄인은 어떤 고통을 받을까?

우선 이곳에는 수많은 철산이 서로 마주 보고 솟아 있는데, 죄인이 오면 마두와 우두의 모습을 한 옥졸이 죄인을 철산 사이로 밀어 넣는다. 그러면 철산이 양쪽에서 문짝처럼 다가와 죄인을 옥조인다. 그러면 죄인의 몸은 조각조각 나고 피가 흘러넘친다. 죄인의 숨이 끊어지면 옥졸은 곧바로 소생시킨다. 그래서 『세기경』에서는 중합지옥을 '철산을 옮겨 눌러서〔推〕 압사〔壓〕시키는 지옥'이라는 의미로 '추압지옥推壓地獄'이라고도 한다.

또한 이곳에는 하늘에서 돌산이 비처럼 떨어져 죄인의 몸을 가루로 만들기도 하고, 죄인을 돌 위에 놓고서 위에서 바위를 떨어뜨려 죄인의 몸을 가루로 만들기도 한다.

또는 우두나 마두의 모습을 한 옥졸이 죄인을 쇠 절구통에 넣어 쇠 절굿공이로 떡을 만드는 것처럼 찧는다. 그리고 뜨거운 쇠로 된 입을 가진 사자나 호랑이 등에게 던져준다.

또는 옥졸이 죄인의 내장을 꺼내어 높은 나무 위에 걸쳐 놓고 말려서 쇠꼬챙이로 꽂아 두면, 금강과 같이 단단한 부리를 가진 독수리 등이 날아와서 죄인의 몸을 쪼아 먹는다.

그리고 이곳에는 뜨거운 구리 액이 흐르는 강이 하나 있다.

이 강에 죄인을 던져 넣고서 옥졸은 뜨겁게 달구어진 쇠갈고리로 죄인이 강 밖으로 나오지 못하도록 밀어 떨어뜨린다. 그러면 달구어져 질벅질벅하게 녹은 붉은 구리 액이 흘러 들어와 죄인의 몸을 덮친다. 죄인의 숨이 끊어지면 옥졸은 곧바로 소생시킨다. 아무리 구해달라고 소리쳐 애원해도 어느 누구도 구해주지 않는다.

그런데 중합지옥은 다른 지옥과는 달리 특별한 형벌로 죄인을 괴롭힌다. 그 모습을 『정법염처경』과 『왕생요집』에서는 다음과 같이 묘사하고 있다.

이곳에는 잎이 예리한 면도칼처럼 되어 있는 기묘한 나무들이 있다. 옥졸은 죄인을 잎이 예리한 면도칼처럼 된 나무숲으로 밀어 넣는다. 그곳에서 죄인이 나무 위를 보면 나무 꼭대기에 아름다운 옷을 입은 미모가 뛰어난 여인이 죄인을 유혹한다. 그녀들은 죄인들이 각각 좋아하는 용모를 하고서 아름다움을 머금은 시선으로 죄인들을 바라보며 '여기로 빨리 오세요'라고 유혹한다. 그러면 죄인은 황급하게 나무에 오르기 시작하지만, 면도칼처럼 생긴 나뭇잎이 죄인의 살을 찢고 내장을 찔러 엄청난 피를 쏟게 한다. 죄인이 고통을 이겨내고 천신만고 끝에 나무 꼭대기에 다다르지만 여인의 모습은 보이지 않는다. 다시 죄인이 나무 밑을 보면 이번에는 여인이 나무 밑에서 죄인을 올려보면서 '나는 당신을 사모하여 나무 밑으로 내려왔는데, 당신은 지금 무엇을 하고 있으신가요. 내 곁으로 오지 않겠습니까. 내려와서 나를 안아 주세요.'라고 또다시 유혹한다. 죄인은 욕정이 불타올라 다시 나무 꼭대기에서 내려온다. 그러면 이번에는 칼로 된 나뭇잎이 위로 향하게 된다. 그래서 날카로운 나뭇잎이 죄인의 몸을 갈기갈기 찢는다. 그리하여 나무 밑으로 내려오면 여인은 다시 나무 꼭대기에서 죄인을 유혹한다. 이런 행위를 죄인의 의지로는 멈출 수 없다. 보이지 않는 무언가에 홀린 죄인은 오로지 욕망만을 불러일으킨다. 이처럼 죄인은 나무를 끊임없이 오르락내리락하면서 엄청난 고통을 받는다.

이것은 살생, 도둑질뿐만 아니라 사음죄도 범해서는 안 된다는 강력한 경고의 메시지라고 생각한다. 불교는 특히 수행자에게 성에 대한 규범이 엄격하다. 그래서 경전에서는 "독사의 입속에 남근을 넣는 한이 있어도 여성의 음부에 넣어서는 안 된다. 활활 타는 불속에 남근을 넣는 한이 있더라도 여성의 음부에 넣어서는 안 된다."와 같은 조금은 무시무시한 가르침으로 수행자의 성행위를 금하고 있다.

이 지옥에도 16곳의 소지옥이 있다. 그런데 『왕생요집』에서는 3곳의 소지옥〔악견처, 다고뇌처, 인고처〕만 기술하고 13곳은 생략하고 있다. 나머지는 『정법염처경』을 참고하여 그 특징을 자세하게 살펴보고자 한다.

그 전에 독자들에게 당부하고 싶은 것이 있다. 중합지옥과 부수하는 소지옥은 성과 관련한 죄를 묻는 곳이다. 그런데 고대 인도사회의 성에 대한 인식은 지금과는 전혀 달랐다. 이 점을 감안하고 읽어주시기를 당부드린다. 다시 말씀드리지만, 지옥도 그 당시의 시대 상황을 반영하고 있다는 점을 염두에 두고 읽어주었으면 한다.

대량수고뇌처大量受苦惱處

중합지옥의 첫 번째는 대량수고뇌처이다. 이곳은 '대량大量으로 고뇌苦惱를 받는〔受〕 소지옥〔處〕'이다.

그렇다면 이곳은 전생에서 어떤 죄를 지은 자가 떨어지는가?

간단하게 말하면 음탕한 섹스를 한 자 또는 그것을 엿보고서 흉내를 낸 관음증 환자들이 떨어지는 곳이다. 좀 더 자세하게 설명하자면, 정상적인 성행위가 아닌 부끄러운 음란한 체위로 성행위를 한 자 또는 타인의 난잡한 성행위를 몰래 보고서 흥분하여 자신도 흉내 내어 음란한 행위에 빠진 자가 떨어지는 소지옥이다.

이곳에 떨어진 죄인은 어떤 고통을 받는가?

우선 옥졸이 뜨겁게 달구어진 쇠꼬챙이로 죄인의 고간股間을 밑에서 찔러, 쇠꼬챙이 끝이 배를 지나 입속까지 관통시킨다. 독자 여러분! 상상해 보세요. 얼마나 고통스럽겠는가?

게다가 수십 명의 옥졸이 수십 개의 쇠꼬챙이로 찔러서 귀, 목구멍, 등, 허리, 옆구리로 튀어나오게 한다. 또한 옥졸은 죄인을 쇠꼬챙이에 꽂은 채로 고환을 쇠 집게로 뽑아서 까기도 하고, 쇠 솔개가 죄인의 고환을 까서 먹기도 한다. 여성은 난소를 옥졸이 뽑아버린다. 이처럼 수많은 고통을 한꺼번에 당하기 때문에 '대량수고뇌 소지옥'이라고 한다.

이곳에서 악업이 다하면 어느 세계로 윤회 전생할까? 먼 과거의 선업이 남아 있으면 아귀나 축생으로 태어나지 않지만, 전생의 조그만 선업 덕분에 인간으로 태어나더라도 성불구자로 태어난다고 한다.

할고처割刳處

중합지옥의 두 번째 소지옥은 할고처이다. 이곳은 '죄인을 베고
〔割〕쪼개〔刳〕는 소지옥〔處〕'이다.

전생에서 어떤 죄를 지은 자가 떨어질까?

이곳은 음란한 성행위를 한 여성이 떨어지는 소지옥이다. 요
즘 시대와 맞지 않는 내용이라서 오해의 소지가 있겠지만, 구체
적으로 살펴보자. 여성이 입으로 남성을 즐겁게 하든지 또는 여
성이 남성 위에서 적극적으로 음란하게 허리를 움직이는 등의
성행위를 한 여성이 떨어지는 곳이다. 간단하게 말하면 음란한
성교나 오럴섹스(oral sex)한 여성이 떨어지는 소지옥이다. 경전
에서는 여성이 적극적으로 애정행위 하는 것을 금지하고 있다.

이곳에 떨어진 죄인은 어떤 고통을 받을까?

옥졸은 죄인을 붙잡아 '너는 입과 혀로 음란한 성행위를 하지
않았느냐?'라고 엄하게 질책하고서, 입을 억지로 벌려서 쇠 집
게로 혀를 당겨 뽑는다. 그리고 예리한 칼로 혀를 베고 도끼로
쪼갠다. 그래서 '할고 소지옥'이라고 한다.

또는 죄인의 입에 대못을 박아 그것이 귀나 머리로 관통하게
하여 고통을 가한다. 너무나 고통스러워 죄인이 용서해 달라고

울부짖지만, 도리어 옥졸은 "이것〔정액〕도 마셨는가? 이것도 마셔라."라고 하면서 커다란 쇠그릇에 수북이 넣은 붉은 구리의 액을 입에 부어넣어, 죄인의 입술·목구멍·심장·배·항문을 차례로 태워 고통을 가한다.

이곳에서 악업이 다하면 어느 세계로 윤회 전생할까? 먼 과거의 선업이 남아 있으면 아귀나 축생으로 태어나지 않지만, 인간으로 태어나더라도 입안에서 항상 냄새가 나며 그 냄새로 사람들에게 미움을 받는다고 한다.

맥맥단처脈脈斷處

중합지옥의 세 번째 소지옥은 맥맥단처이다. 이곳은 '죄인의 혈맥〔脈脈〕을 끊는〔斷〕 소지옥〔處〕'이다.

어떤 죄를 지으면 이곳에 떨어질까?

이곳은 남성이 거부했음에도 무리하게 음란한 행위를 강요한 여성이 떨어지는 소지옥이다. 간단하게 말하면 남성에게 음란한 성행위를 강요한 여성이 떨어진다. 이것을 보면 그 당시 여성의 사회적 지위도 짐작할 수 있을 것이다.

이곳에 떨어진 죄인은 어떤 형벌을 받을까?

옥졸은 죄인의 입을 강제로 벌려 대나무로 만든 통을 강제로 삽입한다. 이 대통에는 뜨거운 구리 액이 가득 담겨져 있는데,

이것을 죄인에게 마시게 하여 입·혀·목구멍을 태운다. 그래서 죄인은 전혀 목소리를 낼 수 없는 상태가 된다. 그럼에도 불구하고 죄인은 손짓과 발짓으로 살려달라고 옥졸에게 애원하지만 '그 입과 혀로 남자를 유혹하고, 강제로 음행을 하지 않았느냐!'라고 하면서 더욱더 붉은 구리 액을 죄인의 입에 쏟아 부어 고통을 가한다.

"죄인은 고통을 당하면서 전생에서 사랑한 남자를 떠올리면서 회한과 탄식을 한다. '당신을 사랑하여 행복하게 해주었는데, 당신은 나를 도와주지도 걱정도 하지 않네. 야박한 사람! 아! 결국 배반당하고 혼자가 되었네.'라고 하면, 옥졸은 '너는 강제적으로 남자와 관계를 하고서도 배반당하고 외톨이가 되었다. 그 남자를 원망하지 말라. 모든 원인은 너 자신이 만든 것이다. 음란한 행위는 아무리 기분 좋은 것이라도 그때뿐이다. 너의 음란한 육체에 몰려든 남자는 박정薄情한 놈이다. 너의 육체만을 원했을 뿐이다. 결국 너의 음란함이 적이다. 원망하려면 너의 음란함을 원망하라.'고 질책한다."(앞의 책, 山本健治) 동시에 옥졸은 죄인에게 "왜 너는 뉘우치지 않느냐!"고 참회와 반성을 요구한다.

그런데 음란한 성행위를 한 여성 죄인만이 고통을 당하는 것은 불공평하지 않는가? 당연히 음란한 성행위에 응한 남성 죄인도 그 죗값을 똑같이 받아야 한다. 이런 죄를 범한 남성을 벌하는 소지옥도 별도로 마련되어 있다.

그리고 다른 문헌에서는 강제로 여자와 관계를 한 자, 즉 여자를 강간한 자도 떨어지는 곳이라고 한다. 이런 죄인에게는 금강과 같은 단단한 부리와 이빨을 가진 수천 마리의 벌레가 죄인의 몸에 들어가 혈맥을 끊어 피를 전부 마시고, 뼈를 잘라 골수를 전부 마신다고 한다. 그래서 '맥맥단 소지옥'이라고 한다.

이곳에서 악업이 다하면 어느 세계로 윤회 전생할까? 먼 과거의 선업이 남아 있으면 아귀나 축생으로 태어나지 않는다. 그렇지만 인간으로 태어나더라도 자신의 아내〔남편〕가 다른 남자〔여자〕와 간통한 것을 알고도, 그것을 막지 못한다고 한다. 아내〔남편〕의 간통을 알고도 아무것도 할 수 없으며, 묵묵히 그 상황을 견뎌내야 하는 것은 전생에 여인을 강간한 죄의 업력이 후생에도 여전히 남아 그 힘을 발휘한다는 것이다.

악견처惡見處

중합지옥의 네 번째 소지옥은 악견처이다. 이곳은 '싫어하는 것〔惡〕, 즉 보고 싶지 않은 것을 보여주는〔見〕 소지옥'이다.

악견 소지옥에는 어떤 죄인이 떨어지는가?

이곳은 타인의 아이를 유혹하여 성적 학대를 한 자가 떨어지는 소지옥이다. 좀 더 자세하게 설명하자면, 타인의 아이를 유혹하여 성행위를 한 자, 즉 미성년자와 원조교제를 한 자뿐만 아니라 타인의 아이를 성적으로 학대한 자와 강제로 성행위를 한 자가 떨어진다. 옛날에는 돈과 권력을 가진 남성이 다른 집의 어린 미소년을 데려다가 동성애의 대상으로 삼거나, 금녀의 영역인 사원에서 승려들이 시자(侍子)를 상대로 유사한 행태를 보였던 것에 대한 경고(김성순, 2016)를 담은 것이라고 생각된다. 요즈음에도 미성년자를 유혹하여 자신의 성적 욕망을 채우는 자가 끊이지 않는다. 이런 자들이 떨어지는 곳이다. 친부나 양부가 자식을 성적으로 학대하면 이 지옥에 떨어지는 것은 말할 것도 없을 것이다.

이곳에 떨어진 죄인은 어떤 고통을 받는가?

이승이든 저승이든 자식은 소중한 존재이다. 그래서 옥졸은 죄인 앞에서 쇠갈고리나 송곳으로 자식의 생식기를 찌르거나 쇠못을 생식기에 박는 모습을 보여준다. 왜냐하면 전생에서 죄인이 타인의 아이에게 한 것과 똑같은 성적 학대를 보게 하여 고통을 주기 위함이다. 그래서 악한 것(惡)을 본다(見)는 의미로 '악견 소지옥'이라고 하는 것이다. 다른 지옥에서는 자신의 과보에 대한 형벌을 자신이 받지만, 이곳은 자식까지 부모의 과보를 받는 특징이 있다.

악견 소지옥의 모습을 좀 더 자세하게 묘사해 보자. 죄인이 악견 소지옥에 떨어지면, 옥졸은 죄인의 자식을 데리고 와서 죄인 눈앞에서 자식의 생식기에 쇠막대기이나 송곳으로 찌른다. 그 모습을 도저히 볼 수 없는 죄인은 옥졸에게 "제발 그만두십시오. 제 자식은 잘못이 없습니다. 저의 잘못입니다."라고 울부짖으며 애원해보지만, 오히려 옥졸은 "무슨 말을 하느냐. 너는 전생에서 지금 보고 있는 것과 같은 성적 학대를 타인의 아이에게 하지 않았는가? 그때 그 아이의 부모 심정을 알겠는가? 너 자신이 행한 죄의 깊이를 알게 하기 위해 너의 자식에게 지금 똑같은 학대를 하는 것이다. 너의 죄를 너의 자식이 짊어진 것이다. 원망하려면 너 자신을 원망해라."고 질책하면서 끊임없이 고통을 준다.

죄인은 자식의 고통을 보면서 용서해달라고 간절히 애원하지만 옥졸은 절대로 용서해주지 않는다. 그리고 옥졸은 울부짖고 있는 자식에게 "원망하려면 너의 부모를 원망해라. 부모의 죄를 네가 짊어졌다."고 말한다. 죄인은 자식에게 "용서해줘, 용서해줘, 내가 잘못했다."고 울부짖지만 자식에게는 들리지 않는다. 왜냐하면 이곳에서는 자식의 고통 소리는 들리지만, 죄인의 울부짖는 목소리는 자식에게 들리지 않기 때문이다.(앞의 책, 山本健治) 이처럼 죄인은 정신적 고통을 끊임없이 당한다.

또 다른 고통이 죄인을 기다리고 있다. 옥졸은 죄인을 거꾸로 매달아 붉은 구리 액이 펄펄 끓고 있는 거대한 가마솥에서 쇠바리때로 떠서 죄인의 항문에 부어넣어 내장 등을 차례로 태운다. 죄인은 너무나 고통스러워 옥졸에게 제발 용서해달라고 애원하지만, 도리어 옥졸은 "너는 전생에서 아이가 울면서 애원했는데도 항문 성교를 하지 않았느냐. 그것과 똑같이 하고 있을 뿐이다."라고 말하면서 인정사정없이 구리 액을 죄인의 항문에 부어넣어, 내장, 목구멍, 혀 등을 태우는 고통을 끝없이 가한다. 이처럼 이곳에서는 죄인에게 자식이 괴로워하는 모습을 보여주어 정신적인 고통을 가할 뿐만 아니라 육체적으로도 고통스럽게 한다. 즉 이중으로 괴롭힘을 당한다. 그러면서도 동시에 옥졸은 죄인에게 "왜 너는 뉘우치지 않느냐!"고 참회와 반성을 요구한다.

이곳에서 악업이 다하면 어느 세계로 윤회 전생할까? 먼 과거의 선업이 남아 있으면 아귀나 축생으로 태어나지 않지만, 전생의 조그만 선업 덕분에 인간으로 태어나더라도 자식 없이 살아야 한다고 한다.

단처団處

중합지옥의 다섯 번째 소지옥은 단처이다. '단'이란 용기 속에 물건을 넣어 꽉꽉 채워서 단단하게 한다는 의미이다. 즉 단처란 단단한 덩어리[団]의 소지옥[處]이다. 왜 이런 지옥 이름을 붙였는지는 알 수 없지만, 동물의 단단한 뱃속에 죄인을 던져 넣어 고통을 가하는 소지옥이라고 추측할 뿐이다.

이 소지옥에는 어떤 죄를 지은 자가 떨어질까?

이곳은 암소나 암말 등과 성행위를 한 자, 즉 수간獸姦한 자가 떨어지는 소지옥이다. 더불어 동물이 교미하는 것을 보고서 흥분되어 자위한 자도 떨어진다.

이곳에 떨어진 죄인들은 어떤 형벌을 받는지 살펴보자. 이 소지옥은 도처에 뜨거운 쇳물이 녹아 흘러나오고, 불꽃이 솟아오르고 있다. 옥졸은 죄인에게 소나 말의 모습을 보여준다. 이것을 보고서 흥분한 죄인이 전생에서 본 동물로 착각하여 그들에게 달려간다. 그러면 옥졸은 죄인을 붙잡아 소나 말의 생식기에 집어넣어 뱃속으로 들어가게 한다. 그 소나 말의 뱃속은 뜨거운 불꽃으로 타고 있기 때문에 죄인의 몸은 통째로 구워진다. 그러면 죄인은 너무나 뜨겁기 때문에 살려달라고 애원하지만 옥졸은 절대로 용서해주지 않는다. 고통은 끊임없이 반복된다.

이것으로 끝이 아니다. 또 다른 고통이 죄인을 기다리고 있다. 이번에는 전생에서 죄인의 아내가 다른 남자와 관계하는 모습을 보여준다. 죄인의 아내는 전생의 남편을 잊고 오로지 사음을 즐긴다. 전생에서는 질투심을 느끼겠지만, 이 모습을 본 죄인은 오히려 기뻐한다. 죄인에게 왜 이런 고통을 받게 할까? 이런 소지옥을 설정한 것은 아마도 상대를 가리지 않고〔동물〕 사음한 행위의 잘못을 알려주기 위한 것이라고 생각한다.

이곳에서 악업이 다하면 어느 세계로 윤회 전생할까? 먼 과거의 선업이 남아 있으면 아귀나 축생으로 태어나지 않지만, 전생의 조그만 선행 덕분에 인간으로 태어나더라도 전쟁이나 기근으로 살기 어려운 나라에 태어난다고 한다.

다고뇌처多苦惱處

중합지옥의 여섯 번째 소지옥은 다고뇌처이다. 이곳은 '고뇌苦惱가 많은〔多〕 소지옥〔處〕'이다.

어떤 죄인이 이곳에 떨어질까?

이 소지옥에는 남자끼리 성행위를 한 자가 떨어진다. 즉 동성애자〔호모〕가 떨어지는 소지옥이다. 요즈음에도 동성애자에 대한 차별은 여전히 존재하지만, 동성애자의 권리도 어느 정도 인정하는 사회가 되었다. 그렇지만 고대 인도사회에서는 어떤 대우를 받았는지, 이런 지옥을 통해 추측할 수 있을 것이다.

이곳에 떨어진 죄인은 어떤 형벌을 받을까?

우선 옥졸은 죄인에게 전생에서 좋아했던 남자를 보여준다. 그러면 사랑했던 남자를 보자마자 죄인은 바로 껴안는다. 하지만 그 남자의 몸은 금강석 같이 단단하고 뜨거운 불꽃으로 타고 있어, 그 남자를 껴안는 순간 죄인의 몸은 태워져 모래알처럼 흩어진다. 그러면 옥졸은 그것을 모아 곧바로 죄인을 소생시킨다. 소생한 죄인은 또다시 사랑했던 남자를 껴안는다. 그러면 또다시 죄인의 몸은 불태워진다.

겨우 이곳에서 벗어나 도망치지만 이번에는 낭떠러지의 절벽이 죄인을 기다리고 있다. 뒤에서는 옥졸이 쫓아오기 때문에 죄인은 진퇴양난에 빠진다. 어쩔 수 없이 낭떠러지 절벽으로 뛰어내리지만, 땅에 닿기도 전에 불을 뿜는 부리를 가진 커다란 까마귀가 죄인의 몸을 쪼아 겨자씨처럼 만들어버린다. 겨자씨처럼 된 몸이 다시 합쳐서 땅에 닿으면, 이번에는 쇠 이빨을 가진 늑대가 나타나 죄인의 살을 뜯어 먹어 뼈만 남는다. 또다시 죄인의 살점이 되살아나면, 이번에는 구리 액이 펄펄 끓고 있는 가마솥에 넣어 삶는다. 이런 고통을 끊임없이 반복한다. 이처럼 수많은 고통을 주기 때문에 '다고뇌 소지옥'이라고 한다.

이곳에서 악업이 다하면 어느 세계로 윤회 전생할까? 전생의 선업이 남아 있으면 아귀나 축생으로 태어나지 않는다. 또한 전생의 조그만 선업 덕분에 인간으로 태어나더라도 아내와 사별하여 몇 번이고 재혼하며, 그때마다 아내는 다른 남자를 좋아한다고 한다.

인고처忍苦處

중합지옥의 일곱 번째 소지옥은 인고처이다. 이곳은 '고통〔苦〕

을 참는〔忍〕 소지옥〔處〕'이다.

이곳은 어떤 죄인이 떨어질까?

『왕생요집』에서는 다른 남자의 아내와 관계를 맺은 자, 즉 불륜을 저지른 죄인이 떨어지는 곳이라고 하였다. 한편 『정법염처경』에서는 전쟁 중에 패한 나라의 여성을 유린하고 강간한 자가 떨어진다고 한다. 다시 말해 이곳은 불륜을 저지른 자와 전쟁 중에 패전한 나라의 여성을 강간했거나 여성을 강제적으로 취한 자 혹은 여성을 마치 물건처럼 다른 사람〔부하〕에게 나누어준 자가 떨어지는 곳이다. 부처님 시대나 지금이나 전쟁은 끊임없다. 그때마다 가장 연약한 여성을 상대로 약탈·강간이 자행되었다. 이런 범죄자들을 벌주기 위한 지옥은 반드시 필요하다고 생각한다. 특히 우리는 일본군 위안부로 끌려가 고통을 당한 할머니들을 잊지 말아야 할 것이다. 더불어 베트남 전쟁에 용병으로 참가하여 우리 군인이 저지른 과오도 인정하고 사과해야 할 것이다.

이곳에 떨어진 죄인은 어떤 고통을 당할까?

우선 옥졸은 죄인을 붙잡아서 나무에 거꾸로 매달아 그 밑에서 엄청나게 뜨거운 불을 피워 눈〔眼〕부터 태우기 시작하여, 입·목구멍·폐·내장·항문 순으로 죄인의 온몸을 태워 고통을 가한다. 이처럼 몸이 차례차례로 서서히 불태워지는 고통을 견뎌내야 하기 때문에 '인고 소지옥'이라고 한다. 죄인의 온몸이 태워지면 까마귀가 와서 쪼아 먹는다. 죄인은 너무나 고통스러워 옥졸에게 살려달라고 애원한다. 하지만 옥졸은 "너는 전쟁에서 마을을 불태우고 아무 죄도 없는 여자들을 유린하고 범했다. 너는 지금 여기서 그 죗값을 받고 있다."라고 호통치면서 끊임없이 고통을 가한다. 그러면서도 동시에 옥졸은 죄인에게 "왜 너는 뉘우치지 않느냐!"고 참회와 반성을 요구한다.

이곳에서 악업이 다하면 어느 세계로 윤회 전생할까? 먼 과거 전생의 선업이 남아 있으면 아귀나 축생으로 태어나지 않지만, 인간으로 태어나더라도 다른 나라 군인들에게 재산과 아내를 빼앗긴다고 한다.

주주주주처朱誅朱誅處

중합지옥의 여덟 번째 소지옥은 주주주주처이다. 다른 문헌에는 '주주朱誅'를 '모기 등의 벌레에게 물렸을 때 피가 빨리는 소리'를 표현한 것으로 설명한다. 그러므로 '주주주주朱誅朱誅'라는 말은 특별한 의미가 없는 일종의 의성어일 것으로 추측한다. 하지만 『정법염처경』에서는 죄인의 살을 뜯어먹고 피를 빨아먹는 벌레[개미] 이름을 '주주'라고 하였다.

그렇다면 이곳에는 어떤 죄인이 떨어질까?

성교할 상대 여자가 없다고 하여 염소나 조랑말 등의 가축을 상대로 음행한 출가자와 남성이 떨어지는 소지옥이다. 여기서 한 가지 의문이 남는다. 다섯 번째 소지옥인 '단처'는 암소나 암말과 수간한 죄인이 떨어지는 곳이다. 반면 '주주처'는 염소나 조랑말과 수간한 자가 떨어지는 곳이다. 둘 다 수간을 범한 자가 떨어지는 곳인데, 둘의 차이가 무엇인지 필자는 알 길이 없다.

이곳에 떨어진 죄인은 어떤 형벌을 받을까?

성욕을 참지 못해 염소나 조랑말과 성교를 한 출가자나 남자가 이곳에 떨어지면 우선 '주주'라는 쇠 개미에게 물리고, 새에게 쪼아 먹히고, 벌레에게 피를 빨리는 고통을 당한다.

이뿐만 아니라 철로 된 개미[주주]는 죄인의 입속으로 들어가, '주주'라고 소리를 내면서 죄인의 몸속을 먹기 시작한다. 먼저 근육을 끊어서 먹고, 다음은 뼈를 물어 찢어서 골수를 마시며, 마지막에는 피까지 전부 마신다. 물론 내장도 전부 먹어버린다. 죄인의 몸을 전부 먹은 개미는 그 찌꺼기를 똥으로 배출한다. 그러면 또다시 옥졸은 죄인을 본래 모습대로 소생시켜 고통을 가한다. 이것을 끊임없이 반복한다.

이곳에서 악업이 다하면 어느 세계로 윤회 전생할까? 전생의 선업이 남아 있으면 아귀나 축생으로 태어나지 않지만, 인간으로 태어나더라도 원수처럼 여기는 사람이 많고, 살림은 늘 옹색하여 가난하게 살고, 요절한다고 한다.

하하해처何何笑處

중합지옥의 아홉 번째 소지옥은 하하해처다. 경전에 자세한 설명이 없어 알 수 없지만, 죄인의 고통스러워하는 소리를 '하하해'라고 표현한 것 같다. 옥졸에게 맞아서 고통스러워하며 울부짖는 다른 죄인의 소리가 죄인에게는 마치 노랫소리나 손뼉을 치는 소리로 들리게 되어 '나도 저런 좋은 소리가 들리는 곳에 가고 싶다'고 착각하게 하는 소지옥이다.

이 소지옥에는 어떤 죄를 지은 자가 떨어질까?

이곳은 근친상간한 자가 떨어지는 소지옥이다. 특히 형제나 자매 사이에 성행위를 한 자가 떨어진다.

이곳에서 죄인은 어떤 고통을 받을까?

이곳에 떨어진 죄인은 먼저 강렬한 불이 솟아오르고, 산 전체가 맹렬하게 타오르고 있는 거대한 오구산烏丘山을 마주한다. 이 산의 나무는 줄기, 가지, 잎에서 뜨거운 불꽃을 내뿜고 있어, 피부가 살짝만 닿아도 예리하고 뜨겁게 달구어진 칼에 잘리는 것과 같은 고통을 준다. 게다가 각각의 나무에는 예리하고 날카로운 부리와 뜨거운 불꽃을 뿜어내는 쇠 까마귀가 앉아 있다가 죄인을 습격하여 정수리부터 발끝까지를 쪼아 먹는다.

또는 옥졸을 피해 도망치다가 죄인의 눈앞에 펼쳐진, 꽃이 핀 아름다운 산과 연꽃이 핀 연못을 발견한다. 그래서 '이제 살았다'라고 죄인은 안도의 숨을 쉰다. 그 때 "이리 와봐. 저곳에는 서늘한 숲과 시원한 물이 가득 찬 연못이 있어. 우리 모두 저리로 가자."라고 유혹하는 목소리가 들린다. 죄인은 너무나 기뻐서 서둘러 뛰어가서 연못에 몸을 던진다. 하지만 사실은 환영일 뿐이다. 화염을 꽃으로 착각한 것이며, 물로 가득차고 연꽃이 핀 연못도 화염의 열과 바람이 만든 신기루이다. 이곳에서 죄인은 화염에 태워지는 고통을 당한다.

이런 고통에 시달리다 죄인의 숨이 끊어지면 옥졸은 죄인을 소생시켜서 또다시 까마귀에게 쪼아 먹히게 한다. 그 고통의 비명소리(하하해)가 5천 유순이나 떨어진 곳까지 들린다고 한다. 그래서 '하하해 소지옥'이라고 이름 붙인 것으로 생각된다. 왜 이런 고통을 가할까? 아마도 근친 간의 애정을 타인 간의 사랑으로 착각한 죄를 묻기 위함일 것이다.

이곳에서 악업이 다하면 어느 세계로 윤회 전생할까? 전생의 선업이 남아 있으면 아귀나 축생으로 태어나지 않지만, 인간으로 태어나더라도 한센 병이나 치매에 걸리고 전쟁이 잦은 나라에 태어나 고통을 받는다고 한다.

누화출처涙火出處

중합지옥의 열 번째 소지옥은 누화출처이다. 이곳은 '죄인이 홀린 눈물〔淚出〕이 뜨거운 불〔火〕이 되어 죄인 자신을 불태우는 소지옥'이다.

　이곳은 어떤 죄인이 떨어질까?

　간단하게 말하면 성실하게 수행하는 비구니를 강간한 자〔비구〕가 떨어지는 곳이다. 좀 더 자세하게 말하면, 이곳은 성실하게 수행하고 있는 비구니를 유혹하여 파계시키거나 또한 강제적으로 수차례 강간한 남자〔비구〕가 떨어지는 소지옥이다.

　이곳에 떨어진 죄인은 어떤 형벌을 받을까?

　이곳에 떨어진 죄인은, 이 소지옥의 이름이 '누화출처'인 것처럼 눈에서 불의 눈물이 나올 만큼 엄청난 불에 태워지는 고통을 받는데, 가장 먼저 그 불의 눈물은 죄인의 눈을 태운다. 그리고 죄인의 몸 전체를 차례로 불태운다. 죄인의 숨이 끊어지면 옥졸은 곧바로 소생시킨다. 그러면 죄인은 너무나 고통스러워 제발 용서해달라고 애원하지만, 옥졸은 "너는 스스로 업을 지어 지금 그 과보를 받는 것이다. 옳고 그름을 볼 수 없는 눈을 필요 없을 것이다."라고 하면서 죄인의 눈꺼풀을 찢고서 구리액을 쏟아 부어 볼 수 없게 한다.

　죄인은 전생에서 비구니를 꼼짝 못하게 하고서 강제로 범하였기 때문에, 이와 똑같이 옥졸은 쇠로 만든 족쇄로 죄인의 몸을 꼼짝 못하게 한다. 그런 후에 커다란 쇠갈고리와 쇠망치로 죄인의 남근과 고환을 뽑아 때리고 불로 태운다. 또한 옥졸은 쇠 집게로 죄인의 항문을 찢고 펄펄 끓는 백랍白鑞을 쏟아 부어 불태운다. 게다가 옥졸은 독이 묻은 나뭇가지로 죄인의 목을 찌르거나 죄인의 항문을 가위로 자르고 그곳에 유충벌레를 집어넣어 고통을 가한다. 죄인이 살려달라고 절규하면 옥졸은 "너는 스스로 업을 지어 지금 그 과보를 받는 것이다."고 호통치면서, 비구니를 강제로 범한 죄를 계속해서 묻는다.

이곳에서 악업이 다하면 어느 세계로 윤회 전생할까? 전생의 선업이 남아 있으면 아귀나 축생으로 태어나지 않지만, 인간으로 태어나더라도 속병으로 고생하여 늘 검게 탄 얼굴로 살아야 한다고 한다.

일체근멸처一切根滅處

중합지옥의 열한 번째 소지옥은 일체근멸처이다. 이곳은 '일체一切의 감각기관[根]을 멸滅하여 고통을 주는 소지옥[處]'이다.

이 지옥에는 어떤 죄를 지은 자가 떨어지는가?

이곳은 참을 수 없는 성욕 탓으로 여성에게 입이나 항문을 사용한 성행위를 강요한 남자가 떨어지는 소지옥이다. 간단하게 말하면 여성과 항문 성교를 한 자가 떨어진다. 두 번째 소지옥인 '할고처'는 음란한 성행위를 한 여성이 떨어지지만, 반대로 이곳은 음란한 성행위를 강요한 남성이 떨어지는 곳이다.

이 소지옥에 떨어진 자는 어떤 고통을 당할까?

우선 옥졸은 죄인을 꼼짝 못하게 하고서 입을 억지로 벌려 쇠바리때로 펄펄 끓는 붉은 구리 액을 부어넣는다. 이 펄펄 끓는 구리 액에는 뜨겁고 검은 쇠 벌레가 엄청 들어 있어, 죄인의 몸속을 돌아다니면서 내장을 전부 먹고 태운다. 이런 고통에 시달리다 죄인의 숨이 끊어지면 옥졸은 바로 소생시켜 똑같은 고통을 반복해서 가한다.

또한 옥졸은 죄인의 입·귀·코·항문에 펄펄 끓어 물렁물렁하게 된 백랍白鑞을 쏟아 붓는다. 그러면서 옥졸은 "구멍이 있는 신체 부위는 오럴 섹스나 항문성교를 하기 위한 것이 아니다. 인간의 생존을 위해 꼭 필요한 장기나 기관이다. 그런데 너는 엉뚱한 곳에 사용하여 더럽혔다. 필요하지 않다면 태워서 없애주겠다."고 하면서 죄인을 꾸짖는다. 그러면서도 동시에 옥졸은 죄인에게 "왜 너는 뉘우치지 않느냐!"고 참회와 반성을 요구한다.

게다가 뜨거운 백랍을 죄인의 눈에도 쏟아 붓는다. 그 백랍에는 쇠 개미가 들어 있어, 죄인의 안구를 먹어버린다. 그리고 죄인의 목·귀·코·입을 억지로 벌려 차례로 먹어버린다. 또한 옥졸은 혀도 음탕한 짓을 하고 음란한 말을 했기에 뽑아서 잘게 자른다. 이처럼 죄인의 감각기관 전부를 없애버린다. 그래서 죄인의 감각기관 일체를 소멸시키는 소지옥(일체근멸처)이라고 한다.

이곳에서 악업이 다하면 어느 세계로 윤회 전생할까? 전생의
선업이 남아 있으면 아귀나 축생으로 태어나지 않지만, 인간으
로 태어나더라도 그의 아내는 정숙하지 못하여 다른 남자와 정
을 통하고 그 남자와 공모하여 그를 죽이거나 음해한다고 한다.

무피안수고처無彼岸受苦處

중합지옥의 열두 번째의 소지옥은 무피안수고처이다. 이곳은
'피안彼岸이 없는[無] 고통[苦]을 받는[受] 소지옥[處]'이다.

어떤 죄를 지으면 이곳에 떨어질까?

간단하게 말하면 다른 사람의 아내와 불륜을 저지른 유부남
이 떨어지는 곳이다. 다시 말해 성적 욕망을 제어하지 못하고
아내가 있음에도 타인의 아내와 관계를 가진 자가 떨어지는 소
지옥이다.

이곳에 떨어진 죄인은 어떤 형벌을 받을까?

이곳에서는 죄인을 불로 태우고, 칼로 자르고, 뜨거운 재를
덮어씌우는 등 온갖 고통을 가한다. 다시 말해 죄인에게 피안이
라는 생각 자체조차 할 수 없도록 온갖 고통을 가한다. 그래서
'무피안수고 소지옥'이라고 한다. 게다가 고통으로 울부짖는 죄
인에게 옥졸은 "이 고통 전부는 전생에서 행한 너의 음행 때문

이다."고 질책하면서 끊임없이 고통을 가한다.

이곳에서 악업이 다하면 어느 세계로 윤회 전생할까? 전생의
선업이 남아 있으면 아귀나 축생으로 태어나지 않지만, 인간으
로 태어나더라도 살기 힘든 척박한 땅이나 험한 산속에 태어나
남의 노예로 살며, 병으로 늘 고생한다고 한다.

발두마처鉢頭摩處

중합지옥의 열세 번째의 소지옥은 발두마처이다. 발두마鉢頭摩
는 범어 '파드마'(padma)의 음사로 '붉은 연꽃〔紅蓮〕'이라는 의
미이다. 무엇 때문에 붉은 연꽃 소지옥이라고 이름 붙인 것일
까? 이 소지옥은 지면 전체가 발두마〔紅蓮〕색으로 물들어 있다.
이곳은 멀리서 보고 있으면 너무나 아름답지만, 실제로는 화염
과 피로 물들어져 있다. 그래서 발두마, 즉 '붉은 연꽃 소지옥'
이라는 명칭을 붙인 것이다.

먼저 어떤 죄를 지으면 이곳에 떨어지는지 살펴보자.

이곳은 출가자임에도 속가에서 만난 여성과 관계한 성적 쾌
락을 잊지 못하고서 꿈속에서 관계하거나 또한 다른 사람에게
여성과의 성적 즐거움을 자랑하고 즐긴 자가 떨어지는 소지옥
이다. 그러므로 이곳은 출가자 중에서도 비구가 떨어지는 지옥
이다.

이곳에 떨어진 죄인은 어떤 형벌을 받을까?

우선 옥졸은 죄인을 뜨거운 물이 부글부글 끓고 있는 커다란 가마솥에 던져 삶는다. 또는 쇠 상자 안에 집어넣어 커다란 쇠 절굿공이로 반복해서 찧는다. 또는 옥졸은 죄인을 병 속에 넣어 삶거나 쇠 절굿공이로 찧기도 한다. 죄인의 숨이 끊어지면 옥졸은 죄인을 소생시키다. 또 다른 고통이 죄인을 기다리고 있다.

옥졸에 쫓겨 죄인은 주위를 둘러보며 피할 곳을 찾는다. 마침 주변에 푸른 물로 가득 찬 연못과 그 속에 핀 붉은 연꽃이 보인다. 그래서 '나는 저곳에 가서 반드시 안락을 얻으리라'는 생각에 죄인은 달려가지만 달리고 달려도 도달할 수 없다. 게다가 도로에 쇠 가시가 꽂혀 있고, 쇠갈고리도 걸려 있다. 다리가 쇠 가시에 찔려 피가 나고, 쇠갈고리에 걸려 넘어져 심장이 찢긴다. 이런 고통에 시달리다 죄인의 숨이 끊어지면 옥졸은 다시 소생시킨다. 이것으로 끝이 아니다.

또 다른 고통이 죄인을 기다린다. 옥졸들은 날카로운 칼이나 도끼를 들고서 쫓아오기 때문에, 죄인은 쓰러지고 넘어지면서도 필사적으로 달려 붉은 연꽃이 피어 있는 연못에 뛰어든다. 하지만 붉은 연꽃이 핀 연못은 뜨거운 피가 흐르는 곳이다. 완전히 착각한 것이다. 게다가 쫓아오던 옥졸이 칼이나 도끼로 죄인의 몸을 베고 자르기도 한다. 이런 고통이 끊임없이 반복된다.

이곳에서 악업이 다하면 어느 세계로 윤회 전생할까? 전생의 선업이 남아 있으면 아귀나 축생으로 태어나지 않지만, 인간으로 태어나더라도 지혜가 없어 바른 판단을 할 수가 없으며, 요절한다고 한다.

대발두마처大鉢頭摩處

중합지옥의 열네 번째 소지옥은 대발두마처이다. 대발두마는 산스크리트어 마하 파드마(māha-padma)로, 번역하자면 '커다란 붉은 연꽃'이라는 뜻이다. 그러므로 대발두마처는 '커다란 붉은 연꽃의 소지옥'이다.

이곳에는 어떤 죄를 지으면 떨어질까?

이곳은 출가자가 아님에도 불구하고 출가자 행세를 하고, 계율을 지키지도 않으면서 오히려 수행과 계율을 비웃고 "나는 천계에 태어난다. 그곳은 여자만 있는 곳이다." 등의 거짓말을 하고, 밤낮으로 사음을 저지른 자가 떨어지는 소지옥이다. 간단하게 말하면 출가자라고 사기를 치고, 사음에 빠졌던 자가 떨어지는 곳이다

그렇다면 이 소지옥에 떨어진 자는 어떤 고통을 당할까?

우선 이곳에는 화산에서 흘러나오는 용암과 같은 붉은 연꽃〔홍련〕의 뜨거운 재가 격렬하게 흐르는 회하灰河라는 커다란 강

이 있다. 그래서 다른 문헌에서는 '회하지옥灰河地獄'이라고도 한다. 옥졸은 죄인을 쇠창으로 찍어서 이곳에 내던진다. 그러면 죄인의 피부와 살은 뜨거운 열에 의해 순식간에 증발하고, 뼈는 불태워져 돌이 되고, 머리카락은 물처럼 녹는다.

게다가 옥졸은 녹은 피부와 살, 돌이 된 뼈, 물 같이 된 머리카락을 모아서 물고기로 환생시켜 뜨거운 진흙의 강에 방류한다. 왜냐하면 출가자가 아님에도 불구하고 출가자 행세한 자, 즉 자신의 신분 경력을 사칭한 것은 다른 자로 되는 것이기 때문에 물고기로 환생시켜 이런 고통을 가하는 것이다.

죄인은 뜨거운 진흙의 강에 방류되었기 때문에 숨을 쉬기 위해 신선한 공기를 마시려고 뜨거운 진흙이 흐르는 표면으로 떠오르려고 하면, 금강과 같이 단단한 쇠 부리를 가진 새가 죄인을 마구 습격한다. 그럼에도 불구하고 뜨거운 진흙의 강에서 도망치고 싶다는 일념이 강하기 때문에 필사적으로 새의 발을 붙잡고서 올라간다. 그렇지만 쇠 부리를 가진 새는 구해주기는커녕 죄인을 쪼아 먹어버리거나 죄인을 하늘 위에서 아래로 떨어뜨려 버린다. 그러면 강 아래에서 뜨거운 쇠 작살을 가진 옥졸이 죄인을 찌르고 태워 재로 만든다. 이런 고통에 시달리다 죄인의 숨이 끊어지면 옥졸은 또다시 물고기로 소생시켜 똑같은 고통을 가한다. 죄인이 살려달라고 애원하면 옥졸은 "강이 그렇게 뜨거워? 여자의 몸이 더 뜨겁지 않더냐? 둘이서 껴안고 있으면 땀이 나서 마치 뜨거운 강을 헤엄치고 있는 것 같지 않더냐? 붉은 연꽃의 강보다도 뜨겁지 않더냐? 이것이 좋아! 좋아! 하면서 기뻐하지 않았더냐? 왜 울부짖는가? 너는 경력을 속이면서까지 여자하고 있는 것이 극락이라고 말하지 않았나. 네가 본래 원했던 것이 아닌가?"(앞의 책, 山本健治)라고 하면서 계속해서 죄인에게 고통을 가한다. 그러면서도 옥졸은 죄인에게 "왜 너는 뉘우치지 않느냐!"고 참회와 반성을 요구한다.

또한 이곳에는 커다란 연꽃〔대발두마〕이 무수하게 피어 있는 연못이 있다. 죄인은 고통에서 벗어나고자 연못에 뛰어든다. 그런데 그 연못의 연꽃잎은 예리한 칼날로 되어 있어 죄인의 몸을 베고 찢는다. 옥졸은 고통을 더 주기 위해 연꽃 위에 죄인을 올려놓는다. 그리고 옥졸은 연꽃으로 죄인을 감싸 불태워 더욱 고통을 가한다. 그래서 이곳을 '대발두마 소지옥'이라고 한다.

이곳에서 악업이 다하면 어느 세계로 윤회 전생할까? 전생의 선업이 남아 있으면 아귀나 축생으로 태어나지 않지만, 인간으로 태어나더라도 늘 굶주리고 병에 시달리며, 하찮은 일에도 화를 잘 내는 괴팍한 사람으로 태어난다고 한다.

화분처火盆處

중합지옥의 열다섯 번째 소지옥은 화분처 또는 화옹처火瓮處이다. 화분은 '불의 쟁반[동이]'이라는 뜻이고, 화옹은 '불의 항아리'라는 의미이다. 그러므로 화분처는 '뜨거운 불꽃이 담긴 양동이를 머리에 이게 하는 고통을 주는 소지옥'이며, 화옹처는 '불타고 있는 거대한 항아리에 넣어 태우는 소지옥'이다.

이곳에는 어떤 죄인이 떨어지는가?

간단하게 말하면 음식·음주·여흥을 잊지 못하는 파계승이 떨어지는 소지옥이다. 좀 더 자세하게 말하자면, 출가자가 아님에도 출가자 행세를 하며[파계승], 여성과 사귀고, 함께 웃고 춤춘 자가 떨어진다. 또는 돈이나 재산에 집착하여 정법을 행하지 않은 출가자가 떨어진다.

이곳에 떨어진 죄인은 어떤 형벌을 받는가?

우선 이 소지옥에는 뜨거운 불꽃이 분출하고 있는 항아리가 있다. 그곳에 죄인을 집어넣어 죄인의 몸을 불꽃으로 태우는데, 그 뜨거운 열기 때문에 죄인은 울부짖고, 아우성친다. 죄인은 입을 벌리고 아우성치기 때문에, 자연스럽게 뜨거운 불꽃이 죄인의 입으로 들어가 화상을 입히고 혀를 불태운다. 왜냐하면 전생에서 음주의 죄를 범했기 때문이다. 그리고 눈과 귀를 태운다. 왜냐하면 전생에서 눈으로 남의 여자를 음흉하게 보면서 즐겼고, 귀로 남의 여자와 노래하고 즐겼기 때문이다. 게다가 뜨거운 불꽃의 열기가 목·폐로 들어가기 때문에 죄인은 울부짖고 아우성치며 살려달라고 애원한다. 그러나 옥졸은 절대로 용서해 주지 않는다. 끝없이 반복해서 고통을 가한다.

　이곳에서 악업이 다하면 어느 세계로 윤회 전생할까? 전생의 선업이 남아있으면 아귀나 축생으로 태어나지 않지만, 인간으로 태어나더라도 요절한다고 한다.

철말화처鐵末火處

중합지옥의 열여섯 번째 소지옥은 철말화처이다. 이곳은 '철鐵의 불〔火〕로 죄인을 태워 가루〔末〕로 만들어 고통을 주는 소지옥〔處〕'이다. 간단하게 말하면, 죄인을 불로 태워 가루로 만들어버리는 곳이다.

　이곳은 어떤 죄를 지으면 떨어질까?

　이 소지옥은 출가자가 아님에도 불구하고 출가자가 행세를 하며〔파계승〕, 여자의 춤추는 모습이나 웃는 모습, 장식품, 외모에 마음이 이끌려 음탕한 상상을 한 자가 떨어지는 곳이다. 한마디로 말하면 여자의 외모에 유혹되어 음행을 한 파계승 또는 비구가 떨어지는 곳이다.

　이곳은 어떤 모습을 한 소지옥일까? 이곳은 500유순이나 되고, 높고 두꺼운 열철熱鐵의 벽에 둘러싸여진 사각의 상자로 된 소지옥이다.

　이곳에 떨어진 죄인은 어떤 형벌을 받을까?

이곳은 전생에서 죄인이 여자의 외모에 유혹되어 욕정에 불타올라 계를 지키기 않았기 때문에, 욕정의 불에 빗대진 철의 불이 활활 타오르는 거대한 상자 속에 죄인을 집어넣어 불태운다. 게다가 철로 된 불이 비처럼 내려서 죄인에게 고통을 가한다. 그러면 죄인은 불태워져 겨자 가루처럼 된다. 그래서 '철말화 소지옥'이라고 한다. 죄인의 숨이 끊어지면 옥졸은 소생시켜 또다시 똑같은 고통을 가한다.

이곳에서 악업이 다하면 어느 세계로 윤회 전생할까? 전생의 선업이 남아 있으면 아귀나 축생으로 태어나지 않지만, 인간으로 태어나더라도 홍수가 자주 일어나는 곳에 살며, 짐승들에게 목숨을 위협받는다고 한다.

이상으로 사음죄를 묻는 중합지옥과 그에 부수하는 16곳의 소지옥을 살펴보았다.

지금의 시대상황과 맞지 않아 당황한 독자도 있을 것이다. 게다가 불교는 여성을 성적으로 차별한다는 인상을 강하게 받은 분도 있을 것이다. 다시 말씀드리지만 4세기경의 인도사회를 염두에 두고 읽어 주시면 좋겠다. 이제 음주의 죄를 묻는 규환지옥에 대해 살펴보자.

4 규환지옥

음주의 죄를 범한 자가 떨어진다

팔열지옥의 네 번째는 규환지옥(叫喚地獄, raurava-naraka)이다. 규환은 '부르짖을 규叫'와 '부를 환喚' 자로 이루어진 말로, '많은 괴로움에 핍박되어 다른 존재를 슬프게 부르며, 원한에 사무친 절규의 소리를 지르기 때문에 규환'이라고 한다. 또는 호규지옥號叫地獄이라고도 하는데, 부르짖을 호號, 부르짖을 규叫 자이기 때문에 '울부짖는 소지옥'이라는 뜻이다. 즉 이 지옥은 '규환 叫喚'이라는 글자 그대로 엄청난 고통 때문에 죄인이 도움을 청하여 울부짖는 소리를 비유적으로 표현한 것이기도 하다. 사족이지만 우리가 일상에서 자주 사용하는 '아비규환'이라는 말은 지옥 중에 가장 고통이 심한 아비지옥과 규환지옥을 합성한 말이다.

이 지옥은 어디에 위치하며 크기와 고통은 어느 정도일까? 규환지옥은 중합지옥 밑에 위치한다. 그리고 그 고통은 중합지옥의 10배이고, 크기는 중합지옥과 같이 가로 세로 1만 유순이다.

이곳에서 죄인은 얼마동안 고통을 받을까?

이곳의 시간으로 죄인은 4천년 동안 고통을 받는다고 한다. 이곳의 하루는 사바세계의 400년에 해당한다. 그러므로 400년 ×4,000년=1,600,000년 동안 고통에 시달린다.

규환지옥에는 어떤 죄를 지은 자가 떨어질까?

이곳은 살생·도둑질·사음과 더불어 음주의 죄를 범한 자가 떨어지는 지옥이다. 간단하게 말하면 이곳은 술을 마시거나 수행자에게 술을 마시게 한 자가 떨어진다. 좀 더 자세하게 설명하자면, 규환지옥은 비구, 수계를 받은 자, 적정하게 살고 적멸을 깨달아 선정을 즐기는 자에게 술을 마시게 하여, 그 사람의 마음을 혼란시킨 자가 떨어진다.

이곳에서 죄인은 어떤 고통을 받을까? 그런데 다른 지옥과 달리 이곳의 옥졸은 특이한 모습을 하고 있다. 보통의 옥졸은 마두나 우두의 모습을 하고 있지만, 이곳을 지키는 옥졸은 머리가 황금색이며, 눈에서 불꽃이 나오고, 붉은색의 옷을 입고 있다. 손발은 장대하며 바람과 같이 빨리 달린다고 한다.

이곳에 떨어진 죄인은 너무나 무서워 머리를 조아리고 옥졸에게 자비를 베풀어 달라고 애원하지만, 황금색의 머리를 가지고, 붉은색의 옷을 입고서, 입에서 불을 내뿜는 옥졸은 쇠몽둥이를 휘두르면서 죄인을 뜨거운 철판으로 된 지면 위를 달리게

하거나 냄비에서 콩을 볶는 것처럼 죄인을 굽고, 붉은 구리 액
이 부글부글 끓고 있는 가마솥에 죄인을 내던져 삶는 고통을 가
한다.(장아함경) 그러면 그 고통에 죄인은 울부짖는다. 그래서
'규환지옥'이라고 한다.

　또한 죄인을 맹렬하게 불타고 있는 쇠로 만든 방에 집어넣어
고통을 주기도 한다. 혹은 쇠 집게로 죄인의 입을 강제로 벌려,
질벅질벅하게 녹은 붉은 구리 액을 집어넣어 오장육부를 불태
운다. 이것은 전생에서 마신 술 대신에 뜨거운 구리 액을 마시
게 하는 것이다. 계속해서 옥졸은 펄펄 끓고 있는 커다란 가마
솥에 죄인을 거꾸로 매달아 삶는다.

　옥졸의 눈을 피해 겨우 도망치다가, 앞을 보니 깨끗하고 커다

란 연못이 보여 죄인은 무작정 연못에 뛰어들지만, 사실 그곳은 백랍 액이 부글부글 끓고 있어 죄인을 불태우며, 또한 그 연못에 살고 있는 커다란 쇠 자라에게 잡아먹히는 고통을 당한다.

술은 사람과 사람 사이에 어느 정도 윤활유 역할을 한다. 하지만 평소에는 얌전하고 조용한 사람이 지나치게 술을 마시면 기분이 들떠서 갑자기 돌변하는 경우가 많다. 예를 들면, 상대에게 거칠게 굴다가 싸움을 하거나 거짓말, 음행 등의 엄청난 잘못을 저지른다. 심지어 술기운에 울컥하여 살인을 하는 경우도 있다. 게다가 지나친 음주는 자신의 건강도 해친다. 그래서 인간의 마음을 어지럽히고 몸을 망치게 하는 최대의 적은 지나친 음주라고 할 수 있다. 그런데 무엇 때문에 부처님은 술을 마시지 말라고 했을까? 술을 마시는 행위 자체보다는 술을 마시면 다른 4가지 계〔불살생계·불투도계·불망어계·불사음계〕를 범하기 쉽기 때문이었다. 다시 말해 술에 취하면 타인에게 상처를 입히기 쉽고, 거짓말·사음 등을 쉽게 범할 뿐만 아니라, 술에 빠져 있으면 생활이 엉망이 되고 직업을 잃을 수도 있다. 특히 알코올 중독에 빠지면 그야말로 술 지옥에 빠지는 것이다. 이런 이유에서 불교에서는 불음주계를 제정하여 지나친 음주를 금지하고 있다. 『대지도론』에서도

술에 취하면 절제할 줄 모르고, 돈을 함부로 써 버려 재산이

헛되이 사라진다. 온갖 싸움의 원인이 된다. 온갖 병을 부른다. 좋지 않은 소문이 나서 사람들에게 흉잡힌다. 술에 취하면 벌거벗기 일쑤인데, 그럼에도 부끄러운 줄 모른다. 지혜가 흐려진다. 술에 취하면 비밀을 발설하게 된다. 부모를 공경할 줄 모른다. 나쁜 사람들과 어울리고, 어진 사람을 멀리한다. 이성異性에 홀려 마음이 흐트러진다. 나쁜 일을 저지르고, 착한 일을 하지 않게 된다. 죽은 뒤 지옥에 떨어지고, 사람으로 태어나면 늘 제정신을 잃고 지낸다.

라고 하여, 지나친 음주로 발생하는 여러 일들을 경고하고 있다. 이렇듯 불음주계를 어긴 자들을 벌하기 위해 규환지옥이 필요했을 것이다. 이곳에도 16곳의 소지옥이 있다. 어떤 소지옥이 있는지 구체적으로 살펴보자.

대후처大吼處

규환지옥의 첫 번째 소지옥은 대후처이다. 이곳은 '큰 대大', '울후吼' 자이므로 '큰소리로 고통스럽게 울부짖게 하는 소지옥'이다.

어떤 죄를 지은 자가 이곳에 떨어질까?

이곳은 청정하게 수행하는 사람에게 술을 마시게 한 자가 떨

124

어진다. 좀 더 자세하게 설명하자면, 이곳은 부처님의 가르침에 따라 수행하면서 청정한 삶을 사는 사람에게 술을 마시게 한 자가 떨어지는 소지옥이다.

이곳에 떨어진 죄인은 어떤 형벌을 받을까?

이곳에 떨어진 죄인은 전생에서 수행하는 사람에게 억지로 술을 마시게 하여 수행을 방해했다. 그래서 옥졸은 죄인의 입을 강제로 벌려 펄펄 끓는 백랍 액을 커다란 쇠잔에 담아 술처럼 마시게 한다. 그러면 죄인의 입과 목이 불타게 되는데, 너무나 고통스러운 죄인은 마치 동물이 울부짖듯이 커다란 소리로 운다. 이렇듯 '크게 소리쳐 울부짖다'고 하여 '대후 소지옥'이라고 이름 붙인 것이다.

게다가 죄인이 큰소리로 울부짖으면 옥졸은 "그렇게 괴롭냐! 그런데 어째서 수행자에게 술을 마시게 했는가! 그 수행자에게서 술은 지금 네가 마시고 있는 펄펄 끓는 백랍 액과 같은 것이다. 전생에서 네가 한 짓의 대가이다."고 죄인은 엄하게 질책한다.

또한 "옥졸은 '술을 마신 자는 계율을 깨고, 인생을 망쳐도 전혀 반성하지 않는다. 술을 마실 때 행한 거짓말, 악행을 부끄러워하지도 않는다. 이처럼 음주는 무책임한 생각과 삶의 방식을 조장한다. 너는 음주의 나쁜 점을 알지 못했고, 그 죄가 얼마나 나쁜지 생각조차 하지 않았다. 지금 너의 입과 목구멍이 뜨겁게 불타고 있어 고통스러워하고 있지만, 너는 술을 마시면서 무엇을 말했는지 떠올려봐라.'라고 호통치면서"(앞의 책, 山本健治), 더욱더 백랍 액을 죄인의 입에 쏟아 부어 불태운다. 죄인은 엄청난 고통에 울부짖으며 용서해달고 애걸하지만, 음주의 잘못을 일깨워주기 위해 옥졸은 계속해서 뜨거운 백랍 액을 죄인의 입에 부어 넣어 고통을 가한다. 그러면서도 옥졸은 죄인에게 "왜 너는 뉘우치지 않느냐"고 참회와 반성을 요구한다.

또한 이곳의 옥졸은 죄인을 쇠 절구통에 넣어 쇠 절굿공이로 죄인을 찧는다. 그러면 울부짖는 고통 소리가 지옥뿐만 아니라 섬부주까지 두루 울려 퍼진다. 죄인이 큰 소리로 울부짖으면 옥졸은 더욱더 괴롭힌다.

이곳의 악업이 다하면 어느 곳으로 윤회하는지 경전에 설명이 없어 생략한다.

보성처普聲處

규환지옥의 두 번째 소지옥은 보성처이다. 이곳은 '옥졸에게 쇠 절굿공이로 맞은 죄인의 울부짖는 소리(聲)가 두루(普) 울려 퍼지는 소지옥'이다.

보성 소지옥에는 어떤 죄를 지은 자가 떨어질까?

이곳은 수행 중에 또는 어느 정도 수행의 성과를 이루었으나 마음이 느슨하게 되어 술을 마신 자나 스스로 즐겁게 술을 마신 자, 또는 금방 수계를 받은 자에게 무리하게 술을 마시게 한 자들이 떨어지는 소지옥이다.

이곳에 떨어진 죄인은 어떤 고통을 당할까?

이곳에 떨어진 죄인에게 옥졸은 "술은 수행을 방해한다. 불도에 들어온 이상 절대로 술을 마셔서는 안 된다. 그래서 산문山門에는 파·부추 등의 냄새가 강한 야채와 술을 갖고 들어올 수 없게 하는 것이다. 그럼에도 불구하고 너희들은 수행 중에 술을 마시고, 다른 수행자에게도 마시게 했다. 술은 수행자를 커다란 쇠 절굿공이로 휘둘러서 살해하는 것과 같다."고 말하면서, 커다란 쇠 절굿공이를 휘둘러서 죄인을 아주 심하게 두들겨 팬다. 그리하여 죄인의 울부짖는 소리는 전체 지옥의 구석구석까지뿐만 아니라 섬부주까지 두루 울려 퍼진다. 이런 이유 때문에 '보성 소지옥'이라고 이름 붙인 것이다.

옥졸에게 커다란 쇠 절굿공이로 맞는 동안 죄인의 살·뼈·근육은 가루가 된다. 그러면 옥졸은 가루가 된 죄인의 살과 뼈를 모아 죄인을 소생시킨다. 이런 고통을 죄인은 끊임없이 당한다.

이곳에서 악업이 다하면 어느 세계로 윤회 전생할까? 지옥에서 악업이 다해 인간이나 축생으로 다시 태어나더라도 물이 적은 곳에 태어난다고 한다. 오늘날의 관점으로 보면, 사막에 사는 사람을 비하하는 듯하지만, 그 당시 인도인은 극락은 밝은 물이 있으며 서늘한 곳으로 생각하였고, 반대로 지옥은 물이 없으며 무더운 곳으로 상상하였다. 오해 없으시길 바란다.

발화유처髮火流處

규환지옥의 세 번째 소지옥은 발화유처이다. 경전에는 발화유처에 대한 설명이 없어서 정확한 의미를 알 수 없지만, '터럭 발髮', 즉 머리카락을 의미하므로 '뜨거운 불로 머리카락을 태워서 고통을 주는 지옥'이라고 추측할 뿐이다.

어떤 죄를 지으면 이곳에 떨어질까?

오계五戒를 받은 자에게 '술도 계율이다'라고 잘못된 가르침으로 유혹하여 술을 마시게 한 자가 떨어지는 소지옥이다. 또한 그 유혹에 넘어가 술을 마신 자도 이곳에 떨어진다.

이곳에 떨어진 죄인은 어떤 고통을 당할까?

우선 이곳에는 불의 비가 죄인의 머리 위로 억수같이 내린다. 전생에서 죄인이 술을 뒤집어쓰듯이 마셨기 때문에 불의 비를 뒤집어쓰는 고통을 주기 위해서다. 그러면 죄인의 머리카락은 불타게 되어, 마치 불[火]을 내뿜는[流] 머리카락[髮]처럼 된다. 그래서 '발화유 소지옥'이라고 한다.

그런데 죄인의 고통은 이것으로 끝나지 않는다. 이번에는 이빨에서 불을 뿜는 수천 마리의 개가 죄인의 다리를 물며, 예리한 부리를 가진 수천 마리의 독수리가 죄인의 두개골을 열어 척수를 마시며, 또한 이리들이 죄인의 내장을 먹어 치운다. 너무나 고통스러운 죄인은 옥졸에게 제발 용서해 달라고 하지만, 옥졸은 도리어 "불교에 입문했다면 술을 마시는 것은 죄가 된다는 것을 누구나 알고 있다. 그럼에도 불구하고 너는 입에 침이 마르기도 전에 계를 깨고 술을 마셨다. 그 어리석음 때문에 지금 여기에 떨어져 고통을 받고 있다."고 훈계하고서, 죄인의 숨이 끊어지면 소생시켜 처음과 똑같은 고통을 가한다. 그러면서도 옥졸은 죄인에게 "용서만 구하고, 왜 너는 뉘우치지 않느냐!"고 참회와 반성을 요구한다.

이곳에서 악업이 다하면 어느 세계로 윤회 전생할까? 전생의 선업이 남아 있으면 아귀나 축생으로 태어나지는 않지만, 그 조그만 선업 덕분에 인간으로 태어나더라도 술이 없는 곳에 태어나며, 아주 재미없는 삶을 산다고 한다.

화말충처火末虫處

규환지옥의 네 번째 소지옥은 화말충처이다. 경전에 언급이 없어 정확하지는 않지만, 아마도 '화말'이라는 벌레〔구더기〕에게 먹히는 고통을 당하기 때문에 이런 명칭이 붙은 것 같다. 또는 불〔火〕을 뿜어내는 벌레〔虫〕가 죄인의 온몸을 먹고서 가루〔末〕

로 만들어 고통을 주는 소지옥이라고 해석할 수도 있다.

이곳은 어떤 죄를 지은 자가 떨어질까?

이곳은 전생에서 술에 물을 타서 판매한 자가 떨어진다. 요즈음 말로 하자면 가짜 양주나 남의 상표를 도용하여 짝퉁을 만들어 부당한 폭리를 취한 자가 떨어지는 곳이다.

이곳에 떨어진 죄인은 어떤 형벌을 받을까?

우선 이곳에 떨어진 죄인은 404종류의 병으로 고통을 당한다. 다시 말해 힘이나 기력을 방해하는 101가지의 '열병熱病', 내장을 아프게 만드는 101가지의 '황병黃病', 호흡기관을 아프게 하는 101가지의 '냉병冷病', 그 외에 101가지의 '잡병雜病' 등 모두 합쳐 404가지 병으로 고통을 받는다. 하나의 병의 위력은 하루 밤 사이에 수미산 주변의 동서남북을 둘러싸고 있는 4대륙[승신주, 우화주, 구로주, 섬부주]의 모든 존재를 전염시켜 죽일 수 있는 아주 지독한 병이다. 죄인은 404가지의 병 하나하나로 생명을 빼앗긴다. 옥졸은 병 하나로 죄인이 죽으면 바로 소생시켜 다음의 병으로 고통을 받게 한다. 이것을 404번이나 반복하여 죄인에게 고통을 주는 것이다.

그런데 이것으로 고통이 끝나는 것이 아니다. 404번의 병으로 죽음을 맛보게 한 후에, 죄인을 소생시켜 화말火末이라는 구더기[虫]로 변하게 하여 죄인 자신의 피부·살·뼈·골수를 흔적이 없어질 때까지 먹게 한다. 그래서 '화말 소지옥'이라고 한다. 그런데 죄인을 굳이 벌레로 변하게 하여 고통을 줄까? 왜냐하면 죄인은 전생에서 가짜 술과 짝퉁 물건을 팔아 폭리를 취했기 때문에, 인간[죄인]에서 벌레로 변하게 하여 고통을 주는 것이다.

이곳에서 악업이 다하면 어느 세계로 윤회 전생할까? 과거의 선업이 남아 있으면 아귀나 축생으로는 태어나지 않지만, 인간으로 태어나더라도 늘 가난에 시달린다고 한다.

열철화저처熱鐵火杵處

규환지옥의 다섯 번째 소지옥은 열철화저처이다. 이곳은 '뜨거운[熱] 철(鐵)로 된 불[火]의 지팡이[杵]로 죄인을 때리는 소지옥'이다.

어떤 죄를 지으면 이곳에 떨어질까?

이곳은 전생에서 새나 짐승에게 술이나 약을 먹여 취하게 한 다음 붙잡아 살해한 자가 떨어진다.

이곳에서 죄인은 어떤 형벌을 받을까?

우선 옥졸은 죄인이 전생에서 행한 것과 똑같이 뜨겁게 끓고 있는 구리 액을 마시게 하여 죄인의 정신을 몽롱하게 한 다음, 뜨겁게 달구어진 커다란 쇠 지팡이로 죄인을 사정없이 구타하여 모래처럼 부순다. 그래서 '열철화저 소지옥'이라고 한다.

또는 옥졸은 수많은 죄인들을 서로 마주보게 하고 전속력으로 부딪치도록 한다. 그러면 죄인들의 몸은 모래처럼 산산조각이 난다. 이런 고통에 시달리다 죄인의 숨이 끊어지면 옥졸은 다시 소생시킨다.

이것으로 고통이 끝나는 것이 아니다. 옥졸은 죄인의 살을 예리한 칼로 조각조각 잘라낸다. 그 조각조각 난 살을 커다란 쇠 절구통에 넣어 쇠 절굿공이로 찧어, 마치 떡처럼 만들어 개에게 먹여 똥으로 배출하게 한다. 그리고 죄인의 숨이 끊어지면 옥졸은 곧바로 죄인을 소생시킨다. 이런 고통이 끊임없이 반복된다.

이곳에서 악업이 다하면 어느 세계로 윤회 전생할까? 전생의 조그만 선업 덕분에 인간으로 태어나더라도, 병에 걸려도 간호해 주는 사람이 없으며, 늘 곤궁하게 살게 된다고 한다.

우염화처雨炎火處

규환지옥의 여섯 번째 소지옥은 우염화처 또는 우염화석처雨炎火石處이다. 이곳은 '붉게 타오르는 불꽃[炎火]을 발하는 돌[石]의 비[雨]가 쏟아져 죄인을 고통스럽게 하는 소지옥'이다.

이곳에는 어떤 죄를 지은 자가 떨어질까?

이곳은 여행객에게 술을 마시게 하여 돈을 빼앗은 자가 떨어진다. 오늘날과는 달리 옛날에 먼 여행을 하는 것은 죽음을 각

오해야 했다. 그런 여행자에게 술을 취하게 하여 소지품을 뺏는 것은 살해하는 것과 같다. 그러므로 이런 행위는 '미필적 고의에 의한 살인'이다.

또한 이곳은 코끼리에게 술을 마시게 하여 난폭하게 한 자도 떨어진다. 코끼리는 옛날이나 오늘날에도 유용한 동물이다. 그리고 엄청난 힘을 가져 인간을 도와주지만, 만약 이들이 술이나 약에 취해 난폭하게 되면 인간을 밟아 죽이기도 하거나 집들을 파괴하는 등의 아주 위협적인 동물이 된다. 그래서 코끼리를 난폭하게 만드는 것은 아주 나쁜 일이다. 그 전형이 부처님의 사촌동생이자 제자였던 데바닷다였다. 그는 술에 취한 성난 코끼리를 이용하여 부처님을 살해하려다가 실패하고 곧바로 무간지옥에 떨어졌다고 한다.

이곳에 떨어지면 죄인은 어떤 형벌을 받을까?

이곳에는 전신에서 불꽃을 발하는 굉장히 무섭고 커다란 모습을 한 코끼리가 있다. 코끼리는 둥글고 굵은 몽둥이를 몇 백 개 묶은 것과 같은 코로 죄인을 때려 고통스럽게 하며, 커다란 발로 죄인을 밟아 뭉갠다. 이런 고통에 시달리다 죄인의 숨이 끊어지면 옥졸은 곧바로 소생시킨다.

또한 이곳은 불덩어리가 비처럼 내려서 죄인을 불태운다. 그래서 '우염화 소지옥'이라고 한다. 너무나 고통스러운 죄인이 살려달라고 애원하면, 옥졸은 "너는 코끼리에게 술을 마시게 하여 난폭하게 만들어 많은 사람을 살해하고 건물을 파괴하였다. 게다가 코끼리들을 살해해서 고기로 먹고, 상아를 판매한 죄를 저질렀다. 너희들이 코끼리에게 한 짓과 비교해보면 아무것도 아니다."고 호통친다. 그리고 옥졸은 붉은 구리 액이 들어있는 커다란 가마솥에 죄인을 던져 넣어 끊임없이 삶거나 뜨거운 피가 흐르는 강에 죄인을 집어넣어 굽기도 한다. 인도에는 코끼리가 존재하기 때문에 이런 죄가 성립하지만, 우리에게는 그다지 실감나지 않는다. 그러면서도 옥졸은 죄인에게 "왜 너는 뉘우치지 않느냐!"고 참회와 반성을 요구한다.

　이곳에서 악업이 다하면 어느 세계로 윤회 전생할까? 전생의 조그만 선업 덕분에 인간으로 태어나더라도 코끼리를 죽이는 집에 태어나 코끼리에게 밟혀 죽는다고 한다.

살살처殺殺處

규환지옥의 일곱 번째는 살살처이다. 살살처에 대해서는 언급한 문헌이 없어 정확한 의미를 알 수 없지만, 글자대로 해석해보면 '죄인을 고통스럽게 죽이고서〔殺〕 다시 소생시키고 또다시 죽이는〔殺〕 소지옥〔處〕'이라고 할 것이다.

　어떤 죄를 지으면 이곳에 떨어질까?

　이곳은 정숙한 여자에게 술을 마시게 하여 정신을 혼미하게 만들어 관계를 한 자나 이를 여자가 거부하면 강제로 범한 남자가 떨어지는 소지옥이다.

이곳에 떨어진 죄인은 어떤 형벌을 받을까?

이곳에 떨어지면 우선 옥졸은 뜨거운 쇠갈고리로 죄인의 남근을 뽑는다. 그리고 옥졸은 남근을 재생시켜 또다시 뽑는다. 이것을 끝없이 반복한다. 너무나 고통스러운 죄인이 용서해달라고 애원하면 옥졸은 "너는 여성을 속여 술을 마시게 하여 비열하게 관계를 맺었다. 여성이 저항하자 강제로 범하여 짐승 같은 욕망을 채웠다. 지금 여기서 그 죄의 대가를 받는 것이다."고 엄하게 질책한다.

또한 죄인이 도망가면 이번에는 예리한 쇠 부리와 쇠 발톱을 가진 새·독수리·매의 무리가 날아와 죄인을 쪼아 먹는다. 옥졸은 죄인의 숨이 끊어지면 곧바로 소생시켜 처음과 똑같은 고통을 가한다.

이곳에서 악업이 다하면 어느 세계로 윤회 전생할까? 전생의 조그만 선업 덕분에 인간으로 태어나더라도 감옥에 갇혀 생을 마감한다고 한다.

철임광야처鐵林曠野處

규환지옥의 여덟 번째 소지옥은 철임광야처이다. 이곳은 '철로 된 숲의 광야에서 죄인에게 고통을 주는 소지옥'이다.

이곳에는 어떤 죄인이 떨어질까?

술에 독약을 타서 살해한 자가 떨어지는 곳이다. 좀 더 자세하게 설명하자면, 술에 독이나 불순물을 섞어 타인에게 마시게 하여 의식을 잃게 하거나 몸을 못 가누게 하여 살해하거나 죽게 한 자가 떨어지는 소지옥이다.

이곳에 떨어진 죄인은 어떤 형벌을 받을까?

이곳에는 고속으로 회전하는 검붉게 불타는 쇠바퀴가 있다. 옥졸은 먼저 죄인들을 자물쇠로 묶어, 고속으로 회전하고 있는 뜨거운 쇠바퀴에 매단다. 불타는 자물쇠로 묶여진 것만으로도 엄청난 고통인데, 게다가 고속으로 회전하는 바퀴에 죄인을 매달아 돌리면, 마치 원심분리기에 걸린 것처럼 눈이 빙빙 돌아갈 뿐만 아니라 혈액 등의 액체는 전부 날아가 버린다.

또한 "옥졸은 마치 기관총으로 쏘는 것처럼 연속하여 쇠 화살을 쏜다. 화살은 불을 뿜어내고 독이 묻어 있다. 옥졸은 한 번에 하나씩 화살을 쏘기 때문에 엄청난 고통에 시달리며, 죄인의 온몸은 무수한 화살이 꽂혀 불타오른다. 동시에 독이 온몸에 퍼진다. 아픔과 독 때문에 울부짖으며, 죄인은 용서해달라고 애원하지만 옥졸은 절대로 용서해주지 않는다."(앞의 책, 山本健治) 또한 쇠 독사가 죄인을 꽉 조르면서 독을 온 몸에 퍼뜨린다. 죄인의 숨이 끊어지면 옥졸은 곧바로 소생시켜 또다시 처음과 똑같은 고통을 가한다. 이와 같은 고통이 끊임없이 반복된다.

이곳에서 악업이 다하면 어느 세계로 윤회 전생할까? 먼 과거 전생의 조그만 선업 덕분에 인간으로 태어나더라도 뱀에게 물려 죽는다고 한다.

보암처普闇處

규환지옥의 아홉 번째 소지옥은 보암처이다. 이곳은 '두루[普] 칠흑 같이 어두운[闇] 소지옥'이다.

이곳에는 어떤 죄를 지으면 떨어질까?

싸고 질이 나쁜 술을 최고급 술이라고 속여 비싸게 판매한 자가 떨어지는 지옥이다. 요즈음으로 말하면 가짜 양주를 팔거나 소비자를 속여 조잡한 상품을 판매한 악덕 상인이 떨어지는 곳이다.

이곳은 어떤 모습을 하고 있을까? 보암처는 이름 그대로 전체가 칠흑 같이 어두운 지옥이지만, 불이 활활 타고 있는 뜨거운 소지옥이다.

보암 소지옥에서 죄인은 어떤 형벌을 받을까?

우선은 칠흑 같은 어둠 속에서 옥졸은 죄인의 몸을 몽둥이로 때려서 산산조각 낸다. 게다가 이곳은 눈에 보이지 않지만 엄청나게 뜨거운 불이 활활 타고 있다. 그 불에 죄인은 심한 화상을 입는 고통을 당한다. 이런 고통에 시달리다 죄인의 숨이 끊어지면 옥졸은 곧바로 소생시켜 또다시 똑같은 고통을 가한다.

이뿐만이 아니다. 또 다른 고통이 죄인을 기다리고 있다. 이번에는 옥졸이 톱으로 정수리에서 발까지 정확하게 이등분하여 자른다. 이등분하여 자르고 나면 4등분, 4등분하여 자르고 나면 8등분, 8등분하여 자르면 16등분 ······ 이처럼 죄인의 온몸을 잘게 잘라 먼지와 같은 크기로 만들어버린다. 죄인의 숨이 끊어지면 옥졸은 곧바로 소생시켜 또다시 똑같은 고통을 가한다.

이곳에서 악업이 다하면 어느 세계로 윤회 전생할까? 이 지옥의 악업이 다하고서 먼 과거 전생의 선업 덕분에 인간으로 태어나더라도 배고픔과 갈증에 시달리며, 곡물이 잘 자라지 않는 험준한 지역에 태어난다고 한다.

염마라차광야처閻魔羅遮曠野處

규환지옥의 열 번째 소지옥은 염마라차광야처이다. 어째서 이런 이름을 지었을까? 추측컨대 '지옥의 대왕이라고 하는 염라대왕閻魔羅조차 막을 수 없을 만큼遮 저 멀리 광야曠野의 저쪽까지 죄인의 고통스러운 소리가 울려 퍼지는 소지옥'이기 때문에 이런 이름이 붙은 것 같다.

이곳은 어떤 죄를 지으면 떨어질까?

이곳은 병자에게 술을 마시게 하거나 가짜 약을 판매하여 그들의 재산이나 음식물을 뺏은 자가 떨어지는 소지옥이다. 좀 더 자세하게 설명하자면, 병자에게 술을 마시면 병이 낫는다고 하거나 임산부에게 편안하게 건강한 아이를 낳는다고 터무니없는 거짓말을 하여 술을 마시게 한 자 또는 가짜 약을 주어 오히려 병을 악화시키거나 아기를 유산시킨 자들이 떨어지는 지옥이다. 또한 재산·보물·비싼 옷 등을 훔칠 목적으로 술이나 약물을 준 자도 떨어진다.

이곳에 떨어진 죄인은 어떤 형벌을 받을까?

이곳에 죄인이 떨어지면 우선 옥졸은 죄인의 정수리부터 발가락까지 불태운다. 왜냐하면 병자나 임산부에게 술을 마시게 한 것은, 그 사람의 온몸을 때리고 태우는 것과 똑같은 행위이기 때문이다. 그리고 뜨겁게 달구어진 예리한 칼로 죄인의 온몸을 자르고 찌르고 깎아 고통을 가한다. 그리하여 죄인의 울부짖는 소리가 저 멀리 광야에 울려 퍼지게 한다. 그래서 '염마라차 광야 소지옥'이라고 한다.

왜 이런 심한 고통을 가할까? 왜냐하면 보통 사람을 속여도 죄인데, 특히 사회적 약자인 병자에게 술을 먹여 병을 더 악화시키거나 임산부를 속여 유산시키는 것은 최악의 범죄이기 때문이다. 이런 사람의 고통을 맛보게 하기 위해 끝없이 죄인을 괴롭힌다.

이곳에서 악업이 다하면 어느 세계로 윤회 전생할까? 이런 죄인은 전생의 조그만 선업 덕분에 인간으로 태어나더라도 사람이 살기에 어려운 험한 땅에 태어나 돼지를 기르며 산다고 한다.

검림처劍林處

규환지옥의 열한 번째 소지옥은 검림처이다. 이곳은 '검劍이 밀림〔林〕처럼 꽂혀 있는 소지옥'이다.

어떤 죄를 지으면 이곳에 떨어질까?

이곳은 황량한 들판이나 척박한 사막을 여행하는 여행자에게 질이 낮고 나쁜 술을 최고급 술이라고 속여 판매한 자, 더불어 만취시키고서 여행자의 소지품을 빼앗고 목숨을 앗아간 자가 떨어지는 소지옥이다.

이곳에 떨어진 죄인은 어떤 고통을 받는가?

우선 이곳은 뜨거운 돌의 비가 무수하게 떨어져 죄인의 온몸을 불태운다. 또한 이곳에는 펄펄 끓는 피, 붉은 구리 액, 백랍 액이 끓어올라 거품을 일으키며 흐르고 있는 강〔熱沸河〕이 있다. 옥졸은 이 강에 죄인을 밀어 넣어 삶는다. 죄인이 강기슭으로 기어오르려고 하면 옥졸은 칼로 찌르거나 쇠막대기로 때려서 다시 강으로 떨어뜨려 삶는다. 이 고통은 끊임없이 계속된다.

또한 이곳에서 겨우 탈출하면 또 다른 고통이 죄인을 기다리고 있다. 칼〔劍〕이 숲〔林〕처럼 꽂혀 있는 밀림이 등장한다. 이곳에 옥졸은 죄인을 강제로 밀어 넣는다. 그러면 죄인의 온몸은 칼에 찔려 상처투성이가 된다. 그래서 '검림 소지옥'이라고 한다. 죄인의 숨이 끊어지면 옥졸은 곧바로 소생시켜 똑같은 고통을 가한다.

이곳에서 악업이 다하면 어느 세계로 윤회 전생할까? 먼 과거 전생의 조그만 선업 덕분에 인간으로 태어나더라도 화를 잘내고 질투가 심한 사람으로 태어난다고 한다.

대검림처大劍林處

규환지옥의 열두 번째 소지옥은 대검림처이다. 이곳은 '엄청나게 크고〔大〕 날카로운 검〔劍〕이 빽빽하게 꽂혀 있는 숲〔林〕에 죄인을 집어넣어 고통을 주는 소지옥〔處〕'이다.

어떤 죄를 지으면 이곳에 떨어질까?

이곳은 외딴 광야의 도로에서 술을 판매한 자가 떨어지는 지옥이다. 그런데 여기서 의문이 든다. 단순히 손님에게 술을 팔았다고 지옥에 떨어진다면 술장사로 생계를 유지한 사람은 모두 지옥에 떨어져야 한다는 말인가? 그런 의미가 아니다. 단순히 술만을 판매했다고 이곳에 떨어지는 것이 아니라, 통행할 수 있는 유일한 길에서 술을 팔아 취하게 하여 폭리를 취한 자가 떨어진다는 것이다. 만약에 사막과 같은 곳에서 취한 상태로 여행을 한다면 길을 잃어버려 죽음에 이를 가능성이 상당히 높다. 또는 도적의 습격을 받아 소지품을 뺏기고 살해당할 가능성도 높다. 그것을 알면서도 술에 취하게 한 것은 엄청난 죄가 되는 것이다. 요즈음 말로 하면 일종의 미필적 고의에 의한 살인에 해당되기 때문이다. 그래서 이런 지옥에 떨어지는 것이다.

이곳에 떨어지면 죄인은 어떤 고통을 받을까?

이곳에는 1유순〔14km〕높이의 검으로 된 나무숲이 있으며, 그곳을 옥졸이 지키고 있다. 검으로 된 나무의 줄기는 화염에 싸여 있고, 잎은 날카로운 칼날로 되어 있어, 나무가 흔들 때마다 칼날이 무수히 떨어져 아래에 있는 죄인의 몸을 잘게 자른다. 게다가 나무에서는 연기처럼 독을 뿜어내고 있어, 이곳에 떨어진 죄인은 그 독을 마시고 곧바로 쓰러진다.

첨언하자면 나무숲은 화염火焰에 둘러싸여 있고, 독이 묻은 칼이 꽂혀 있으며, 검으로 울타리가 백 겹, 천 겹으로 둘러싸여 있다. 그리고 숲의 둘레는 3천 유순이나 된다. 그래서 죄인이 아무리 도망치고 싶어도 담이 너무 높을 뿐만 아니라, 밖에는 옥졸이 지키고 있어 도망갈 수도 없다. 이런 곳에서 죄인은 끊임없이 고통을 당하는 것이다.

앞에서 간략하게 언급했지만, 나무숲에서 죄인은 어떤 고통을 당하는지 보다 자세하게 살펴보자. 우선 옥졸은 죄인을 나무숲으로 집어넣는다. 그러면 예리한 칼로 된 나무뿌리에 걸려 넘어진다. 이때 칼이 비처럼 떨어져 죄인의 몸에 꽂혀 살·근육·신경·내장·뼈·골수를 자른다. 게다가 잘린 죄인의 몸을 날카로운 쇠 부리를 가진 커다랗고 사나운 독수리가 먹어버린다. 이런 고통에 시달리다 죄인의 숨이 끊어지면 옥졸은 곧바로 소생시켜 또다시 계속해서 고통을 가한다.

이곳의 악업이 다하여 어떤 세계로 윤회하는지는 경전에 설명이 없어 생략한다.

파초연림처芭蕉烟林處

규환지옥의 열세 번째 소지옥은 파초연림처이다. 이곳은 '연기〔烟〕가 가득하고 불을 뿜는 파초芭蕉가 빽빽하게 심어져 있는 숲〔林〕의 소지옥〔處〕'이다.

이곳에는 어떤 죄를 저지른 자가 떨어질까?

이곳은 계율을 지키는 정숙한 여자에게 술을 마시게 하여 강제로 범한 자가 떨어진다. 좀 더 자세하게 말하자면, 이곳은 계를 잘 지키고 있는 정숙한 여성에게 술을 넣은 음료수를 마시게 하여 의식을 잃고 잠에 빠지면 다가가 성폭행을 한 자가 떨어지는 소지옥이다.

이 소지옥은 어떤 모습일까? 우선 이곳의 크기는 가로 세로로 각각 5천 유순이다. 쉽게 말하면 그 크기를 헤아릴 수 없다. 그리고 이곳에는 불을 뿜어내는 파초가 빽빽하게 숲을 이루고 있다. 파초는 불을 뿜어내고 있기에 죄인이 살짝만 만져도 엄청난 화상을 입는다. 그래서 이 소지옥의 이름을 '파초연림 소지옥'이라고 하는 것이다.

이런 비열한 죄인은 어떤 고통을 받을까?

우선 옥졸은 죄인의 남근과 고환을 커다란 쇠몽둥이로 격렬하게 구타한다. 그리고 고환이 풍선처럼 팽창하여 부풀어 오르면 불태운다. 또한 요도에 맹독을 주입하여 고통을 가한다. 고통에 시달리다가 죄인의 숨이 끊어지면 옥졸은 곧바로 소생시켜 또다시 처음과 똑같은 고통을 가한다.

또한 연엽만煙葉鬢이라는 이름을 가진 커다란 쇠 까마귀가 날아와 죄인을 습격한다. 이 새는 연기를 뿜어내어 죄인이 앞을 볼 수 없게 한다. 그리고 예리한 부리로 죄인의 온몸을 쪼아 살을 뜯어 먹는다. 게다가 예리한 부리로 죄인의 뼈를 부수어 골수를 빨아먹는다. 이런 고통에 시달리다가 죄인의 숨이 끊어지면 옥졸은 숨을 불어넣어 소생시켜서 처음과 똑같은 고통을 준다.

이곳에서 악업이 다하면 어느 세계로 윤회 전생할까? 먼 과거 전생의 조그만 선업 덕분에 인간으로 태어나도 수명이 짧다고 한다.

유연화림처有煙火林處

규환지옥의 열네 번째 소지옥은 유연화림처 또는 연화림처煙火林處이다. 경전에 설명이 없어 정확한 의미를 알 수 없지만, 이곳은 '연기〔煙〕가 가득하고〔有〕 뜨거운 불〔火〕로 타고 있는 숲속〔林〕에서 죄인에게 고통을 주는 소지옥〔處〕'이라고 생각한다.

어떤 죄를 지으면 이곳에 떨어질까?

이곳은 원한을 품고 있는 상대를 해할 목적으로 타인을 꾀어 술에 취하게 하여, 자기 대신 복수하게 하고서 그 죄를 뒤집어 씌운 자가 떨어진다. 또는 편의를 제공받기 위해 술과 음식을 접대하거나 권력자〔유력정치가, 고급관료, 검사 등〕에게 뇌물을 보낸 자가 떨어지는 소지옥이다.

이 소지옥에 떨어진 죄인은 어떤 고통을 받을까?

이곳에는 뜨거운 바람이 회오리처럼 불고 있는데, 이것에 휘말려서 죄인의 온몸은 마치 칼로 자른 것처럼 토막토막 난다. 또한 죄인은 회오리바람에 휘말려서 높이 날아가 거꾸로 떨어져 뼈는 부러지고, 근육은 끊어지며, 살은 조각조각 난다. 이런 고통에 시달리다 죄인의 숨이 끊어지면 옥졸은 곧바로 소생시켜 똑같은 고통을 반복해서 가한다.

이것으로 고통이 끝나지 않는다. 옥졸은 쇠몽둥이로 죄인을 때리고, 예리하고 날카로운 칼로 온몸을 잘게 자른다. 게다가 옥졸은 죄인에게 온갖 병에 걸리게 하고 뜨거운 재를 뒤집어씌워 고통스럽게 한다.

이곳에서 악업이 다하면 어느 세계로 윤회 전생할까? 전생의 조그만 선업 덕분에 사람으로 태어나더라도 뇌에 종양 등이 생겨, 병으로 고생한다고 한다.

화운무처火雲霧處

규환지옥의 열다섯 번째의 소지옥은 화운무처 또는 운화무처雲火霧處이다. 이곳은 '구름〔雲〕이나 안개〔霧〕처럼 보이는 불〔火〕로 죄인을 불태워 고통을 주는 소지옥'이다.

이곳에는 어떤 죄를 지으면 떨어질까?

술을 싫어하는 사람에게 무리하게 권하여, 술에 취하면 조롱하거나 타인의 웃음거리로 만든 자가 떨어진다. 또한 어리석은 자에게 술을 먹여 취하게 하고서 나쁜 일을 시킨 자도 이곳에 떨어진다.

이 소지옥에 떨어진 죄인은 어떤 고통을 받을까?

이곳은 무수한 불꽃이 활활 타고 있는 소지옥이다. 이곳에 죄인을 던져 천천히 불태운다. 그리고 뜨거운 바람이 회오리처럼 불기 때문에 죄인의 몸은 나뭇잎처럼 흩날리며 온 사방으로 흩어진다. 죄인은 뜨거운 바람에 의해 나뭇잎처럼 흩날리고, 뜨거운 불꽃에 불태워지기 때문에 너무나 고통스러워 울부짖는다. 그 모습을 보고 옥졸은 죄인을 웃으면서 조롱한다. 왜냐하면 전생에서 계를 잘 지킨 사람을 꾀어 술을 마시게 하여 조롱하고 웃음거리로 만들었기 때문에, 이곳에서 똑같이 옥졸에게 조롱당하고 농락당하는 것이다.

이곳에서 악업이 다하여 어떤 세계로 윤회하는지는 경전에 설명이 없어 생략한다.

분별고처分別苦處

규환지옥의 열여섯 번째는 분별고처이다. 정확한 의미를 알 수 없지만, 글자대로 해석하면 '고통을 분별하여 받는 소지옥'이라고 할 것이다.

이곳에는 어떤 죄인이 떨어지는가?

이곳은 아랫사람에게 술을 먹여 용기를 내게 해서 폭력을 휘두르게 하거나 동물(사슴)을 살해하게끔 시킨 자가 떨어진다. 요즈음 말로 하자면 부하를 시켜 사람을 구타하거나 살해한 조직 폭력배 두목이 떨어진다고 할 것이다.

죄인은 이곳에서 어떤 고통을 받을까?

경전에는 이곳에 떨어진 죄인이 어떤 형벌을 받는지 언급이 없지만, 죄인의 죄업을 갖가지로 분별〔분류〕하여 그 고통을 각각 따로 받게 하는 소지옥이라고 추측할 뿐이다.

다만 "옥졸은 수차례 죄인을 구타하고서 '술은 모든 악의 근원이다. 술은 독 중의 독이다. 술은 지혜를 잃게 하고 근본을 잃게 하고 마음의 보물을 잃게 한다. 술은 실패의 원인이다. 술에 취해서 잘난 체해서 친구를 잃고, 말이 많아져 필요 없는 말을 지껄여서 신용을 잃는다. 술에 취해 마음이 어지럽게 되어, 사람에게 속게 된다. 술에 취하는 것은 죽는 것과 같다. 죽고 싶지 않다면 술을 그만 마셔라. 사리판단이 없으면 고통뿐이다. 지금 그 고통을 가르쳐주겠다.'고 호통을 친다. 게다가 '너는 선행의 길을 버리고 일부러 술에 의해 잘못된 길을 선택하지 않았느냐! 지옥에 떨어지는 것을 탄식할 필요가 없지 않느냐! 술을 마시면 처음에는 맛있다고 느끼겠지만, 술 때문에 실수〔실패〕를 하면 결코 그렇지 않다는 것을 알 수 있었다. 너는 몇 번이고 실패를 거듭하였기 때문에 그 고통을 알 수 있었다. 그럼에도 불구하고 술에 빠져 너는 전혀 알려고 하지 않았다. 지옥에 떨어지는 것은 당연하다. 지혜 있는 자는 술을 믿지 않는다.'고 엄하게 질책한다."(앞의 책, 山本健治)

사족이지만 여기서 음주에 대한 필자의 생각을 말하고 싶다.

불교에는 오계가 있다. 불교도가 되려면 반드시 오계를 받아야
한다. 독자들도 잘 알고 있겠지만, 오계는 다음과 같다.

* 불살생계不殺生戒: 살아 있는 것을 죽이지 말 것.
* 불투도계不偸盜戒: 주지 않는 것을 자기 것으로 삼지 말 것.
* 불망어계不妄語戒: 거짓말하지 말 것.
* 불사음계不邪淫戒: 음란한 성교를 하지 말 것.
* 불음주계不飮酒戒: 술〔정신을 혼미하게 하는 마약, 대마초
  등〕을 마시지 말 것.

오계 중에서 불살생·불투도·불망어·불사음의 네 가지는 인
간으로서 당연히 지켜야 할 도리이다. 그래서 인도에서 발생한
모든 종교에서는 4가지 계를 엄격하게 지킬 것을 요구한다. 그
리고 불교에서는 4가지 계를 어기면 지옥에 떨어져 반드시 그
대가를 받는다고 한다. 그런데 '불음주계'는 불교에만 있는 계
이다. 불교와 거의 동시에 발생한 자이나교에서는 불음주 대신
에 '무소유'를 강조한다. 그래서 불교에서는 불살생·불투도·불
망어·불사음은 '성계性戒'라고 한다. 반면 불음주는 '차계遮戒'
라고 하여, 앞의 4가지와는 성격이 다르다. 성계란 부처님께서
제정하지 않아도 위배하면 그 자체로 죄악이 되는 것이다. 예를
들어 살생하는 것, 즉 생명을 죽이는 그 자체로 죄악이다. 반면

차계는 불도佛道를 수행하는 자만 금지하고, 일반 사람은 범해도 죄가 되지 않는 계이다. 다시 말해 술 마시는 그 자체는 죄악이 아니다. 술을 마시는 그 자체는 결코 나쁜 것이 아니지만, 술을 마셔 취하게 되어 거짓말을 하거나 허세를 부리거나 또는 난잡한 성관계를 가지는 것, 즉 음주의 결과로 일어나는 악을 막는다(遮)는 의미에서 차계라고 하는 것이다. 우리 주변에도 음주를 하지 않으면 품행이 단정하지만 술을 마시면 사건이나 사고를 일으키는 사람이 있다. 그래서 불음주계는 술을 마시지 말라고 하는 것도 맞지만, 완전히 술을 멀리하라는 뜻이 아니라고 필자는 생각한다.

이것으로 음주의 죄를 묻는 규환지옥과 그 부수하는 소지옥에 대한 설명은 마치고, 이제 거짓말의 죄를 묻는 대규환지옥에 대해 살펴보겠다.

5 대규환지옥
거짓말한 자가 떨어진다

팔열지옥의 다섯 번째는 대규환지옥大叫喚地獄 또는 대규지옥 (大叫地獄, mahāraurava-naraka)이다. 대규환은 '큰 대大', '부르짖을 규叫', '부를 환喚' 자로 이루어진 말이다. 즉 '지극한 괴로움에 핍박되어 크고 혹독한 소리를 내지르고 비탄의 절규로써 원한을 말하기' 때문에 대규환지옥이라고 한다.

이곳은 어디에 위치하는가? 규환지옥 밑에 있다. 크기와 고통의 형벌은 어느 정도인가? 그 크기는 규환지옥과 동일하지만, 형벌의 고통은 규환지옥의 10배이다. 형벌기간을 좀 더 자세하게 설명하자면, 사바세계의 800년이 이곳에서는 하루에 불과하다. 이곳에서 죄인은 8,000년 동안 고통을 받는다. 800년 × 8,000년=? 도대체 얼마동안 고통을 받는지 상상해 보시기를.

이곳은 어떤 죄를 지으면 떨어질까?

이곳은 살생, 도둑질, 사음과 더불어 '거짓말'의 죄를 범한 죄인이 떨어지는 지옥이다. 그리고 이곳은 거짓말뿐만 아니라 기어(綺語, 꾸며대는 말), 악구(惡口, 타인을 나쁘게 말하는 것), 양설(兩舌, 이간질)의 죄도 묻는 곳이다.

불교에서 수행자의 '거짓말'은 단순히 누구를 속이는 것만을 말하는 것이 아니다. 수행자에게 있어서 거짓말(망어)이란 깨달음을 얻지 못했는데 깨달았다고 하는 것이다. 이 거짓말은 교단 전체를 파탄에 이끄는 심각한 문제이다. 그래서 출가자가 거짓말을 하면 교단에서 추방된다.

우리(재가자)는 거짓말을 그다지 심각한 죄라고 생각하지 않는 경향이 있다. 그렇지만 재가자의 거짓말로 인하여 서로 간에 믿음을 상실하면 인간관계는 무너지고 만다. 특히 사회 지도층

〔대통령, 국회의원, 고위관료, 판검사 등〕이 거짓말을 하고, 특정 사안에 대해 편파적으로 처리한다면, 신뢰를 바탕으로 형성된 사회 전체를 위험에 빠뜨리므로 그 죄가 더 크다.

경전에는 이곳에 떨어진 죄인은 어떤 형벌을 받는지 구체적인 언급이 없기에 생략한다. 다만 이곳에 부수하는 소지옥의 형벌을 참고로 추측해보면, 죄인이 전생에서 거짓말을 했기 때문에 옥졸이 죄인의 입을 강제로 벌려 쇠 집게로 혀를 뽑아 고통을 가한다는 것은 분명하다.

『세기경』에서는 옥졸들이 죄인을 붙잡아 뜨거운 물이 부글부글 끓고 있는 거대한 쇠로 된 병이나 가마솥에 죄인을 던져 넣어 삶는다고 한다. 그러면 죄인은 그 고통에 커다란 소리로 울부짖기 때문에 '대규환지옥'이라고 이름 붙였다고 한다.

여기도 소지옥이 있다. 지금까지 팔열지옥의 소지옥은 각각 16곳이 있었지만, 이곳에는 18곳의 소지옥이 있다.* 그 종류는 다음과 같다.

---

* 팔열지옥의 소지옥은 각각 16곳이므로 총 128곳이다. 그런데 『정법염처경』에서는 대규환지옥의 소지옥을 2곳 추가하여 18곳을 말하고 있다. 그러므로 팔열지옥의 소지옥은 전부 130곳이 된다.

후후처吼吼處

대규환지옥의 첫 번째 소지옥은 후후처이다. 혀가 불타고 없는 죄인이 알아들을 수 없게 내는 소리를 '후후'라고 표현한 것 같다. 즉 후후처란 '죄인이 고통스럽게 울부짖는 소지옥'이다.

이곳은 어떤 죄인이 떨어질까?

이곳은 신세를 졌음에도 은혜를 원수로 갚은 자나 자신을 신뢰해 주는 오랜 친구에게 거짓말을 한 자, 거짓말을 수없이 반복한 자들이 떨어지는 소지옥이다. 부처님이 살았던 시대나 오늘날에도 이런 사람들이 많다. 그런 사람들을 벌주기 위해서는 이런 소지옥이 꼭 필요하다.

우리의 일상생활에서 신뢰 또는 믿음은 중요한 역할을 담당하고 있다. 우리들의 인간관계는 수많은 믿음 속에서 유지되고 있다. 예를 들면 부부 간의 믿음, 부모와 자식 간의 믿음, 친구와의 믿음, 직장동료와의 믿음 등 인간관계는 다양한 믿음으로 이루어져 있다. 그러므로 이 믿음의 전제가 없고서는 우리들의 인간관계는 성립 자체가 불가능하다고 할 것이다. 만약 우리들이 서로 믿음을 갖지 못하고 불신한다면 모든 인간관계뿐만 아니라 그 사회체계가 무너지고 말 것이다. 그러므로 거짓말로 믿음을 저버린 사람은 이런 지옥에 떨어지는 것이다.

이곳에서 죄인은 어떤 고통을 당할까?

거짓말은 혀에서 시작된다. 그래서 옥졸은 우선 날카롭고 예리한 칼로 죄인의 턱에 구멍을 뚫어 쇠 집게로 혀를 힘껏 뽑아서, 그곳에 독이 든 진흙을 발라 구운 후에 벌레를 집어넣어 고통을 가한다. 그러면 죄인은 살려달라고 애원하지만 혀가 없어서 '후후'라고 알아들을 수 없는 소리를 낸다. 그래서 '후후 소지옥'이라고 한다.

그리고 옥졸은 "너의 혀가 나쁘기 때문에 뽑는다. 독약을 발라 혀가 움직이지 못하게 하겠다. 이 혀를 움직이지 않게 하면, 너 자신·사람·국가를 잘못 인도하여, 너는 악인이 되지 않을 것이다. 이런 고마운 일은 없지 않는가! 감사해야 함에도 불구하고 무엇 때문에 원한을 품는가! 원한을 품으려면 사람을 잘못 빠뜨리고, 국가와 사회를 잘못된 방향으로 끌고 간 너의 혀를 원망해라."(앞의 책, 山本健治)고 호통치면서 계속해서 고통을 가한다.

이곳에서 악업이 다하면 어느 세계로 윤회 전생할까? 전생에 지은 선업이 남아 있으면 아귀와 축생으로 태어나지는 않지만, 인간으로 태어나더라도 늘 가난하고, 세상 사람들의 천대를 받으며 산다고 한다.

수고무유수량처受苦無有數量處

대규환지옥의 두 번째 소지옥은 수고무유수량처이다. 이곳은 '헤아릴 수〔數量〕 없는〔無有〕 고통〔苦〕을 받는(受) 소지옥〔處〕' 이다.

이곳은 어떤 죄인이 떨어지는가?

거짓말로 날조하여 자기보다 뛰어난 사람을 위험에 빠뜨린 자가 떨어지는 곳이다. 좀 더 자세하게 설명하자면, 질투·시기 등 비열한 감정이나 욕망 때문에 자신보다 뛰어난 사람을 위험 에 빠뜨리려고 날조하여 헐뜯은 자, 좋아하는 사람을 혼자 독점 하려고 타인이 가까이하는 것을 방해하거나 가장 소중한 사람 을 타인의 고자질에 속아 멀리한 자가 떨어지는 소지옥이다.

우리는 일상생활에서 상대가 나보다 뛰어날 때 시기하고 질 투한다. '사촌이 땅을 사면 배가 아프다'는 속담이 있듯이 누구 나 이런 마음이 있다. 불교의 가르침대로 설명하자면 질투란 타 인이 나보다 명예나 재산·좋은 집안, 뛰어난 수행력 등을 가졌 다면, 그것을 기쁘게 봐 줄 수 없는 마음이다. 그런데 상대가 잘 되는 것을 시기하고 질투하게 되면 자신이 우울하게 되고, 결국 에는 스스로 괴로워하여 자신은 불행한 삶을 살고 있다고 생각 하게 된다. 즉 질투는 자신을 불행하게 만든다.

아마도 질투 하면 떠오르는 것은 셰익스피어의 유명한 비극인 『오셀로』일 것이다. 오셀로는 부하의 간교한 속임수에 빠져 사랑하는 아내를 침대 위에서 목 졸라 살해하고, 자신도 슬픔과 회한으로 자살한다는 비극적 내용을 담고 있다. 그런데 오셀로가 그토록 사랑한 아내를 어떻게 목을 졸라 죽일 수 있었을까? 그것은 바로 질투심 때문이다. 오셀로의 부하는 오셀로의 질투심을 이용하였던 것이다. 이처럼 질투심이 우리 인간에게 얼마만큼 영향을 미치고 우리의 삶을 불행하게 만드는지를 문학 작품을 통해서도 잘 알 수 있다.(『마음공부 첫걸음』, 김명우)

이곳에 떨어진 죄인은 어떤 고통을 받을까?

죄인이 이곳에 떨어지면, 옥졸은 죄인의 몸속에 무수한 벌레를 집어넣어 엄청난 가려움과 고통을 가한다. 게다가 그 벌레는 독을 뿜어내어 내장·살·뼈·신경·골수 등을 격렬한 경련과 함께 퉁퉁 부어오르게 한다. 또한 이름 그대로 이곳의 죄인은 굶주림과 목마름의 고통, 위안과 희망이 없는 고통, 벼랑에서 떨어지는 고통 등 수많은 고통을 당한다. 그래서 '수고무유수량소지옥'이라고 하는 것이다. 특히 전생에서 죄인이 질투와 시기의 불로 자신의 몸을 태웠기 때문에, 이곳에서 뜨거운 불로 죄인을 불태운다.

또한 죄인이 옥졸에게 맞아 상처가 나면 그 상처 난 곳에 '발초고(拔草苦, 풀을 뽑는 고통)'라는 독초를 심는데, 풀이 자라면 그 뿌리를 뽑아 고통을 준다. 게다가 죄인이 너무나 고통스러워 살려달라고 애원하면 옥졸은 '그래 치료해 줄게'라고 하면서 독초를 피부에 비빈다. 그런데 그 독초의 끝에는 다이아몬드보다 단단한 쇠 가시가 무수히 박혀 있기 때문에, 상처에 문지르면 예리한 이빨의 강판(채판)에 깎아내린 것처럼 고통스럽다. 죄인의 상처는 더욱 깊어지고, 피부는 산산조각 나고, 살은 너덜너덜하게 된다. 더구나 그 쇠 가시에서는 맹독이 나오기 때문에 죄인은 볶이는 것과 같은 고통도 맛본다. 이런 고통을 가하는 이유는 시기·질투·비웃음 등이라는 독의 고통을 죄인에게 알려주기 위한 것이다.

이곳에서 악업이 다하면 어느 세계로 윤회 전생할까? 먼 과거 전생의 조그만 선업 덕분에 인간으로 태어나더라도 목이나 입병으로 고통을 당하며, 항상 가난하게 지내거나 남에게 구걸하며 살아야 한다고 한다.

수견고뇌불가인내처受堅苦惱不可忍耐處

대규환지옥의 세 번째 소지옥은 수견고뇌불가인내처이다. 이곳은 '도저히 참을 수 없는(不可忍耐) 엄청난(堅) 고통(苦惱)을 받는(受) 소지옥(處)'이다.

이곳은 어떤 죄인이 떨어질까?

이곳은 대통령, 장관, 고위직 공무원 등이 임무를 방기하거나 그 책임을 아랫사람에게 전가한 자가 떨어진다. 또는 그 반대로 윗사람을 속이는 아랫사람도 떨어진다. 좀 더 자세하게 설명하자면, 국가에서 중요한 직책을 맡고 있는 위정자가 문제의 책임을 회피하기 위해 다른 사람에게 전가하거나 그 사실이 알려져도 거짓말과 변명으로 일관하면서 빠져나가려고 하는 경우에 떨어진다. 반대로 자신이 모시는 상사나 윗사람에게 자신의 보신을 위해 거짓말을 한 자 또는 그 지위를 이용하여 거짓말을 한 자가 떨어지는 소지옥이다.

요즈음 책임 있는 자리에 있으면서〔국회의원, 고위공직자, CEO 등〕책임을 지지 않고 아랫사람에게 전가하여 아랫사람이 대신 감옥에 가거나 목숨을 끊는 경우가 가끔 발생한다. 이런 자들을 벌하기 위해 마련한 소지옥이다.

이곳에 떨어진 죄인은 어떤 고통을 받을까?

우선 이곳에 죄인이 떨어지면, 옥졸은 죄인의 몸안에 불을 뿜고 맹독을 내뿜는 수많은 뱀을 집어넣는다. 그러면 뱀이 죄인의 몸안을 돌아다니면서 혈관·신경·근육·내장·뼈·척수 등에 파고들어 맹독을 쏘고 불을 내뿜고 물어뜯는다. 그 고통은 말로 표현할 수 없으며, 게다가 도저히 참을 수도 없다. 그래서 '수견고뇌불가인내 소지옥'이라고 하는 것이다.

그리고 고통에 시달리다 죄인의 숨이 끊어지면, 옥졸은 곧바로 소생시키고 또한 끝없이 반복해서 똑같은 형벌을 가한다. 책임을 전가 받아 괴로움을 짊어진 자의 고통을 죄인에게 알게 하려는 것이다.

이곳에서 악업이 다하면 어느 세계로 윤회 전생할까? 먼 과거 전생의 조그만 선업 덕분에 인간으로 태어나더라도 불치병에 걸린다고 한다.

수의압처隨意壓處

대규환지옥의 네 번째 소지옥은 수의압처이다. 전생에서 죄인이 자신의 의도대로 타인을 압박하여 자신을 이롭게 했기 때문에 떨어지며, '옥졸의 의도대로[隨意] 죄인을 눌러서[壓] 고통을 주는 소지옥[處]'이다.

수의압 소지옥에는 어떤 죄인이 떨어질까?

이곳은 타인의 논과 밭·토지·삼림 등을 빼앗기 위해 거짓말한 자가 떨어지는 소지옥이다. 확대해서 해석하면 남의 부동산을 불법으로 침탈侵奪하거나 강탈한 자가 떨어지는 곳이다. 우리나라는 위법한 부동산 거래나 권력을 이용해 불법적으로 부동산을 편취하여 재산을 축적한 사람이 너무 많다. 그런 사람이 떨어지는 곳이라고 할 것이다.

이곳에 떨어진 죄인은 어떤 고통을 받을까?

이곳에는 뜨거운 바람이 맹렬하게 소용돌이치고 있는데, 옥졸의 의도대로 바람에 의해 날아간 죄인을 바위에 부딪치게 하며, 떨어지면 엄청난 압력으로 죄인을 누른다. 그래서 이곳을 '수의압 소지옥'이라고 한다.

또한 옥졸은 죄인을 뜨거운 철판 위에 올려놓고 굽는다. 그리고 난 뒤 산처럼 거대한 쇠풀무로 강렬한 바람을 일으켜 화력을 강하게 하고서, 철퇴로 죄인의 몸을 때리고 늘려서 병 속에 넣어 단단하게 하고서는 또다시 불로 굽는다. 다시 말해 이곳은 마치 대장장이가 녹은 철광석을 주물로 단련시키는 것처럼, 옥졸이 죄인을 철판 위에 올려놓고 커다란 망치로 반복해서 수없이 때려서 고통을 주는 곳이다. 그리고 죄인의 숨이 끊어지면 옥졸은 곧바로 소생시켜 무한히 때리고 누른다. 이것은 타인의 토지를 불법으로 빼앗기 위해 거짓말한 죄, 즉 이런 나쁜 습관을 두드려서 고치기 위한 것이다.

이곳에서 악업이 다하면 어느 세계로 윤회 전생할까? 지옥의 악업이 다하고서 먼 과거 전생의 선업 덕분에 인간으로 태어나더라도 남의 말을 믿지 못하는 불신으로 살아가야 하며, 타인에게도 신용을 얻지 못한다고 한다.

일체암처一切闇處

대규환지옥의 다섯 번째 소지옥은 일체암처이다. 이곳은 '모든 곳〔一切〕이 어두운〔闇〕 소지옥'이라는 뜻이다.

이곳에는 어떤 죄인이 떨어질까?

남의 아내를 강제로 범하고서 도리어 그 여자가 유혹했다고 거짓말을 한 파렴치 범〔남자〕이 떨어지는 곳이다. 좀 더 자세하게 설명하자면, 타인의 아내를 범했음에도 재판을 받으면서 재판장에게 "저 여자가 유혹했기 때문에 상대해 준 것뿐입니다. 나야말로 피해자입니다." 등의 거짓말을 하고 오히려 상대 부녀자를 범죄자로 만든 자가 떨어지는 소지옥이다.

요즈음 공직자, 직장상사, 군대 내 상사나 동료, 대학교수 등에 의한 성범죄, 성희롱이 자주 발생한다. 그런데 도리어 힘 있는 가해자가 피해자를 무고죄로 고소하는 경우도 많다. 이런 파렴치한 사람을 벌주기 위해서는 '일체암처'와 같은 소지옥이 꼭 필요하다.

이곳에 떨어지면 어떤 형벌을 받을까?

우선 옥졸은 "이 머리가 거짓말을 생각해냈다. 이 입과 혀가 거짓말을 했다."라고 호통치면서, 예리한 도끼로 머리를 내리쳐서 두 개로 쪼갠다. 동시에 죄인의 입을 찢는다. 또한 혀를 빼서 뜨겁게 달구어진 칼로 잘게 자른다. 혀가 잘리면 곧바로 소생시켜 앞의 형벌을 끝없이 반복한다. 왜 옥졸이 머리를 쪼개고 입과 혀를 잘라 고통을 줄까? 왜냐하면 거짓말은 머리〔뇌〕와 입과 혀로 하기 때문이다.

이곳에서 악업이 다하면 어느 세계로 윤회 전생할까? 장애인을 차별하는 내용이라서 조심스럽지만, 이 지옥의 악업이 다하고서 먼 과거 전생의 선업 덕분에 인간으로 태어나더라도 장님이나 귀머거리로 살아야 한다고 한다.

인암연처人闇煙處

대규환지옥의 여섯 번째 소지옥은 인암연처이다. 인암연처가 어떤 의미인지 정확하게 알 수 없지만, '거짓말한 죄인(人)을 어둠(闇) 속에서 불과 연기(煙)로 고통을 주는 소지옥'이라고 추측해본다.

이곳에는 어떤 죄인이 떨어질까?

이곳은 친구를 배신하거나 국가 세금을 부당하게 수급한 자가 떨어진다. 좀 더 자세하게 설명하자면, 향불 앞에서 부처님의 가르침을 실천하며 살겠다고 친구(도반)와 맹세했음에도 불구하고 배반한 자가 떨어지는 곳이다. 또는 충분히 먹고 살 수 있는 재산이 있음에도 재산이 없다고 거짓말을 하고서 부당하게 수령한 자가 떨어지는 곳이다. 보다 구체적으로 말하면, 실업수당이나 국민연금수당을 부당하게 수급하거나 의료수당 등을 부정으로 수급한 의사가 떨어지는 소지옥이다.

이곳에 떨어지면 어떤 형벌을 받을까?

이곳의 옥졸은 날카롭고 예리한 칼로 죄인의 온몸을 먼지〔微塵〕 크기로 아주 잘게 자른다. 죄인의 숨이 끊어지면 소생시켜 또다시 먼지 크기로 잘게 자른다. 이런 고통을 죄인은 끝없이 받는다.

이것으로 고통은 끝나지 않는다. 옥졸은 날카롭고 금강과 같이 단단한 부리를 가진 벌레를 죄인의 몸에 집어넣어, 죄인의 몸속을 이리저리 돌아다니게 하면서 물어뜯게 한다. 동시에 이 벌레는 불과 맹독을 뿜어내기 때문에 물리면 불과 독에 의해 죄인은 엄청난 고통을 받는다. 게다가 죄인에게 칠흑 같은 어둠 속에서 뜨거운 불과 그 불타는 연기로 고통을 가한다. 그래서 '인암연 소지옥'이라고 한다.

이곳에서 악업이 다하면 어느 세계로 윤회 전생할까? 지옥의 악업이 다하고서 먼 과거 전생의 선업 덕분에 인간으로 태어나더라도 남의 말을 믿지 않아 누구도 사랑할 수 없다고 한다.

여비충타처如飛虫墮處

대규환지옥의 일곱 번째 소지옥은 여비충타처이다. 이곳은 '날아다는〔飛〕 벌레〔虫〕가 화염에 떨어져〔墮〕 태워지는 것처럼〔如〕 고통을 주는 소지옥〔處〕'이다.

이곳에는 어떤 죄인이 떨어질까?

이곳은 보시물을 훔쳐 이득을 취한 자가 떨어진다. 좀 더 자세하게 설명하자면, 수행자가 받은 보시물을 훔치거나 양도받아, 그 보시물을 고가에 판매하고서, 수익이 전혀 없었다고 거짓말을 하며, 오직 자신만의 돈벌이를 한 자가 떨어지는 곳이다. 절에 있어 보면 보시금을 횡령하는 출가자들의 범죄 행각을 자주 접한다. 게다가 불자의 보시금을 노리고 찾아오는 사람도 많다. 이런 부류의 사람들이 떨어지는 소지옥이라고 할 것이다.

이곳에 떨어진 죄인은 어떤 형벌을 받을까?

우선 이곳에는 성질이 거칠고 사나운 철로 된 개들이 죄인의 내장을 뜯어 먹으며, 뼈조차도 순식간에 먹어치운다. 또한 옥졸은 불을 내뿜고 있는 도끼로 죄인의 몸을 잘라 저울에 달아 철로 된 개들에게 던져 먹인다. 이런 고통에 시달리다 죄인의 숨이 끊어지면 옥졸은 숨을 불어넣어 소생시킨다. 게다가 옥졸은 죄인의 턱을 쇠갈고리로 걸어, 입을 벌려서 쇠 집게로 혀를 뽑으면서. "이 혀가 거짓말의 원흉이다."라고 호통친다.

이런 고통을 감수하고서 겨우 도망쳐 뛰어들었는데, 그것은 거대한 화로 안이다. 이를 본 옥졸은 "불에 뛰어든 나방이네."라고 말하면서 비웃는다. 죄인은 마치 나방이 불 속에 날아들어 타 죽듯이, 화로 속에 내던져져 종이처럼 태워져 그 고통에 울부짖는다. 그래서 '여비충타 소지옥'이라고 한다. 죄인의 숨이 끊어지면 옥졸은 곧바로 소생시켜 또다시 태운다.

이곳에서 악업이 다하면 어느 세계로 윤회 전생할까? 전생의 조그만 선업 덕분에 인간으로 태어나더라도 가난한 집에 태어나고, 화재를 당해서 재산을 전부 잃는다고 한다.

사활등처死活等處

대규환지옥의 여덟 번째 소지옥은 사활등처이다. 이곳은 '죽으면〔死〕 이전과 똑같이〔等〕 되살려〔活〕 고통을 주는 소지옥〔處〕'이다.

이곳에는 어떤 죄를 지으면 떨어질까?

이곳은 출가자가 아니면서 출가자라고 속여 강도짓을 한 자가 떨어진다. 좀 더 자세하게 설명하자면, 이곳은 출가자가 아님에도 불구하고 출가자 모습을 하고서 여행자를 속인 자가 떨어진다. 게다가 이 여행자가 그의 말을 믿고 여행을 계속하면 뒤쫓아가 금품을 빼앗거나 살해한 자도 떨어진다.

우리는 성직자의 말이라면 쉽게 믿는다. 이런 믿음을 악용하여 여행자에게 잘못된 정보를 알려줘 위험에 처하게 하는 것은 '미필적 고의에 의한 살인'과 같은 것이기 때문에 그 죄가 무겁다. 게다가 목숨을 걸고 여행을 하는 여행자를 상대로 강도짓을 한 것은 악랄하다고 말할 수밖에 없다. 그래서 이 지옥에 떨어지는 것은 당연한 결과이다.

이곳에 떨어진 죄인은 어떤 형벌을 받을까?

이곳에 죄인이 떨어지면, 우선 옥졸은 죄인의 온몸을 쇠 지팡이로 끊임없이 두들겨 팬다. 죄인이 얻어맞아서 숨이 끊어지면 옥졸은 다시 소생시키고 또다시 끝없이 구타한다. 그래서 죽으면(死) 이전과 똑같이(等) 살려서(活) 고통을 가하기 때문에 '사등활 소지옥'이라고 한다.

옥졸로부터 겨우 벗어나 도망치는 죄인 앞에 푸른 연꽃이 무수하게 피어 있는 연못이 보인다. 연꽃이 피어 있는 연못은 너무나 아름다워 죄인에게 극락으로 착각하게 만든다. 사실 이 연못은 엄청난 열로 불타고 있는 검붉은 불꽃이지만 죄인이 파란 연꽃으로 착각한 것뿐이다. 왜냐하면 전생에서 출가자로 가장하여 속이고 강도짓을 했기 때문에, 그와 똑같이 불꽃을 연꽃으로 착각하게 만들어 고통을 맛보게 하기 위한 것이다. 옥졸은 이 불꽃의 연못에 죄인을 던져 넣어 불태운다. 죄인의 숨이 끊어지면 옥졸은 곧바로 소생시키고 또다시 태운다. 이 고통은 끝없이 계속된다. 또는 옥졸은 죄인의 눈을 가리고, 양손과 양다리를 묶어 전혀 저항하지 못하게 한 채 뜨거운 철판 위에 굽는다고 한다.

이곳에서 악업이 다하면 어느 세계로 윤회 전생할까? 전생의 조그만 선업 덕분에 인간으로 태어나더라도 이치에 맞는 말을 못해 남에게 신뢰를 얻지 못하며, 재산이 있더라도 권력자에게 빼앗기고 감옥에서 죽는다고 한다.

이이전처異異轉處

대규환지옥의 아홉 번째 소지옥은 이이전처이다. 이곳은 '죄인이 이리저리〔異異〕 전전하며〔轉轉〕 고통을 당하는 소지옥'이다.

이곳에는 어떤 죄를 지으면 떨어질까?

거짓말로 다른 사람을 이롭게 하거나 해롭게 한 자가 떨어진다. 좀 더 자세하게 설명하자면, 이곳은 거짓말로 사람들의 승패를 갈리게 하거나, 해롭거나 이롭게 하여 죽고 살게 한 자가 떨어진다. 또는 용한 점쟁이가 제대로 점을 쳐서 세상 사람들에게 신용을 얻었음에도, 그 신용을 이용하여 토지나 금전을 편취하거나 거짓 운세로 훌륭한 인물을 잃게 만들어서 떨어지는 소지옥이다.

이곳에 떨어진 죄인은 어떤 형벌을 받을까?

먼저 죄인의 눈앞에 부모·처자·친구·은인 등의 환영이 나타나, 그들이 죄인을 손짓하며 부른다. 죄인은 그들을 구하기 위해 달려가지만, 그들은 검붉은 용암이 질펀질펀 흐르고 있는 강 속에서 울부짖으며 구해주기를 애원하고 있다. 죄인은 사랑하는 가족이나 은인이 뜨거운 용암의 강에서 태워지는 고통에서 구해주기 위해 강으로 뛰어들지만, 도리어 자신이 불태워지는 고통을 당한다. 죄인이 재생하여 강에서 나오면 다시 같은 환영이 나타나고, 그들을 구하러 달려가면 옥졸은 덫을 설치하여 죄인을 붙잡아 마치 톱으로 나무를 자르듯이 죄인의 온몸을 자르며, 쇠갈고리로 몸을 찢는다.

이것으로 끝이 아니다. 또 다른 옥졸이 죄인을 기다리고 있다. 옥졸은 죄인을 붙잡아 화염의 칼날로 만들어진 수레바퀴 사이를 빠져나오게 한다. 이 수레바퀴는 예리한 칼날이 위아래에 붙어있어 빠져나오려고 하면 금방 온몸이 피투성이가 되고, 화염이 피어오르기 때문에 엄청난 화상을 입게 만든다. 이곳을 겨우 빠져나오면 또다시 뜨거운 진흙의 강에서 불태워지고 있는 부모·처자·친구·은인 등을 본다. 그들을 구하러 달려가면 덫에 걸려 넘어져 옥졸에게 붙잡혀 가죽을 벗기고 살을 도려내는 고통을 끝없이 당한다. 또한 고통을 당하면서 자신이 사랑한 부모나 처자가 뜨거운 진흙의 강에서 울부짖고 있는 모습을 그저 바라볼 수밖에 없는 정신적 고통을 당한다.

또한 "이곳에서 죄인은 사나운 사자에게 잡아먹히는데, 사자는 죄인을 한입에 잡아먹는 것이 아니라 이빨과 이빨 사이에 물고서 입안에서 가지고 놀거나 물고 있던 죄인을 일부러 입안에서 뱉어 도망가게 하고서는 다시 물어 입안에 넣어 공포를 준다. 이렇게 실컷 가지고 놀고서 맛있는 부분만을 골라서 먹는다."(앞의 책, 山本健治) 게다가 옥졸은 이런 상황을 보고 있다가 사자의 입에서 쇠갈고리로 상처투성이가 된 죄인을 집어내어 불로 태운다. 이처럼 죄인을 이곳저곳 끌고 다니면서 고통을 주기 때문에 '이이전 소지옥'이라고 한다.

이곳에서 악업이 다하면 어느 세계로 윤회 전생할까? 지옥의 악업이 다하고서 먼 과거 전생의 선업 덕분에 인간으로 태어나도 불구자가 되거나 자신이 하는 일은 모두 헛되어 아무것도 손에 넣을 수 없다고 한다.

당희망처唐悕望處

대규환지옥의 열 번째 소지옥은 당희망처이다. 경전에 언급이 없기에 '당희망처'의 의미를 알 수가 없지만, 해석해보자면 황당할 당唐 원할 희(悕=希), 바랄 망望 자로 이루어진 말이므로 '희망悕望을 빼앗아(唐) 고통을 주는 소지옥'이라고 추측할 수 있다.

이곳에는 어떤 죄를 지으면 떨어질까?

병이나 가난으로 고통 받는 사람을 보고서도 모른 채한 정이 없는 사람이 떨어지는 곳이다. 좀 더 자세하게 설명하자면, 질병·가난·고독·학대·집단따돌림 등으로 곤란에 처한 사람이 도움을 요청하였음에도 말로만 도와주겠다고 하고 아무것도 도와주지 않은 매정하고 박정한 자가 떨어지는 소지옥이다.

물질적이든 정신적이든 힘든 사람에게 도움의 손길을 내미는 것은 인간의 도리이다. 그래서 부처님께서는 물질적으로 힘든 사람에게는 재보시, 정신적으로 힘든 사람에게는 사무량심을 갖추어 법보시와 무외보시를 실천하라고 강조했던 것이다. 오늘날 불자들이 실천해야 할 보시는 재보시나 법보시보다 '무외보시[두려움을 없애주는 보시]'라고 필자는 생각한다. 왜냐하면 죽음, 질병, 폭력, 학대, 집단따돌림, 고독 등으로 두려움과 고통 속에 살고 있는 사람이 너무나 많기 때문이다. 진정한 불자라면 이런 사람들에게 무외보시의 손길을 내밀어야 할 것이다.

이곳에 떨어지면 어떤 형벌이 죄인을 기다릴까?

죄인이 이곳에 도착해보면 눈앞에 아주 맛있는 음식과 음료수가 차려져 있다. 물론 이것은 죄인의 환상이다. 죄인이 차려진 요리를 먹으려 하지만 먹을 수 없다. 왜냐하면 사실 요리와 음료는 독과 불의 덩어리이기 때문이다. 죄인이 음식을 입에 넣는 순간, 혀·식도·목·내장·항문의 온몸이 불탄다. 이처럼 음식을 먹고자 하는 모든 희망의 싹을 잘라 버린다. 그래서 '당희망 소지옥'이라고 한다.

또 다른 고통이 죄인을 기다리고 있다. 옥졸은 환희확歡喜鑊·수희확隨喜鑊이라고 불리는 용암이 뜨겁게 펄펄 끓고 있는 가마솥에 죄인을 던져 넣어 삶는다. 전생에서 힘든 사람을 도와주지 않는 냉정하고 차가운 사람이었기에 마음을 따뜻하게 해주려고 끓고 있는 가마솥에 집어던지는 것이다. 고통에 시달리다 죄인의 숨이 끊어지면 옥졸은 소생시켜 또다시 가마솥에 삶는 고통을 끝없이 가한다.

또한 이곳에는 집을 빌려주겠다고 약속해 놓고 빌려주지 않은 자도 떨어진다. 이런 죄인은 깊이가 50유순[700km]이나 되는 뜨거운 쇳물이 담겨 있는 병 속에 거꾸로 매달아 고통을 가한다.

이곳에서 악업이 다하면 어느 세계로 윤회 전생할까? 지옥의 악업이 다하고서 먼 과거 전생의 선업 덕분에 인간으로 태어나더라도 남의 종으로 태어나 늘 주인에게 꾸지람을 듣고 산다고 한다.

쌍핍뇌처雙逼惱處

대규환지옥의 열한 번째 소지옥은 쌍핍뇌처이다. 이곳은 '핍박[逼]과 괴롭힘[惱] 둘[雙] 모두로 죄인을 고통스럽게 하는 소지옥[處]'이다.

이곳에는 어떤 죄를 지으면 떨어질까?

이곳은 단체의 화합을 깨뜨린 자가 떨어진다. 좀 더 자세하게 설명하자면, 이곳은 마을 회의·모임·회사 등에서 거짓말을 한 자 또는 다른 사람을 험담하고 폄하하여 집단이나 조직의 화합을 깬 자가 떨어지는 소지옥이다. 또는 오만한 자, 지나친 경쟁심으로 타인에게 피해를 입힌 자, 자신보다 뛰어난 사람을 시기하고 질투한 자도 떨어지는 곳이다.

사족을 붙이자면, 이런 부류의 사람들은 자신만 옳고 다른 사람은 틀렸다는 자기 주장이 강하다. 그래서 조직 내에서 자기보다 잘난 사람을 보면 시기하고 질투하여, 거짓으로 그 사람을 험담하여 결국 조직을 파괴시킨다. 그래서 부처님께서도 조직〔승단〕의 화합을 깨뜨리는 자가 있다면 교단에서 추방하는 등의 엄중한 책임을 물었다.

이곳에 떨어진 죄인은 어떤 형벌을 받을까?

이곳은 뜨거운 쇠 송곳니를 가진 사자가 죄인을 입안에 넣어 여러 번 씹어 고통을 준다. 다시 말해 뜨거운 송곳니에 의해 불타고 씹히는〔逼惱〕 이중〔雙〕의 고통을 당하기 때문에 '쌍핍뇌 소지옥'이라고 한다. 왜 이런 고통을 줄까? 전생에서 여러 거짓말로 모임이나 조직의 화합을 깨뜨려 파괴한 자이기 때문에 똑같이 형벌을 내리는 것이다. 사람을 볼 때마다 이견異見을 말하거나 반대하거나 또는 싸움을 걸어, 사람을 상처 입히고 화합을 파괴한 그대로 자신도 똑같은 벌을 받는 것이다. 그리고 죄인의 숨이 끊어지면 곧바로 소생시켜 또다시 똑같은 고통을 끊임없이 가한다.

죄인이 고통을 이기지 못하고 옥졸에게 살려달라고 애원하면 옥졸은 "너는 조직의 화합을 깨뜨렸다. 타인을 보면 적이나 원수처럼 취급하여 싸움을 걸었다. 지금 뜨거운 송곳니를 가진 사자에게 물려 울부짖고 있지만, 사자에게 물리는 모습은 네가 모두를 물고, 싸움을 걸어 화합을 깨뜨리고 혼란을 초래한 모습 그대로다."고 훈계하고, 동시에 옥졸은 죄인에게 "왜 너는 뉘우치지 않느냐!"고 참회를 요구한다.

이곳에서 악업이 다하면 어느 세계로 윤회 전생할까? 이 지옥의 악업이 다하고서 먼 과거 전생의 선업 덕분에 인간으로 태어나더라도 뱀에게 물리거나 짐승들[사자, 호랑이, 곰]에게 잡아먹힌다고 한다.

질상압처迭相壓處

대규환지옥의 열두 번째 소지옥은 질상압처이다. 이곳은 '거짓말을 한 죄인에게 서로[相] 번갈아[迭] 짓눌러[壓] 고통을 주는 소지옥[處]'이다.

이곳에는 어떤 죄를 지으면 떨어질까?

친인척 사이에 재산이나 상속 문제로 추잡하게 싸운 자가 떨어지는 곳이다. 좀 더 자세하게 설명하자면, 이곳은 부부·친자親子·형제자매·친척 사이에 재산 분배나 상속 등의 문제로 싸우고 있을 때, 자신과 가까운 사람이 이길 수 있도록 거짓 증언이나 문서를 위조한 자가 떨어지는 소지옥이다. 이런 일은 옛날이나 지금이나 너무나 흔하고 자주 일어나는 일이다.

이곳에 떨어진 죄인은 어떤 형벌을 받을까?

우선 옥졸은 전생에서 속은 사람에게 독이 묻은 예리한 날의 쇠 가위를 건네주어 죄인의 살을 천천히 조금씩 잘게 자르게 한다. 그리고 잘려진 살을 죄인 자신의 입에 집어넣어 강제로 씹게 한다.

그런데 왜 가위로 살을 자르는 고통을 줄까? 옛날이나 오늘날이나 가장 가까운 친인척과의 싸움은 골육상쟁이다. 그래서 가까운 사람끼리의 싸움은 미움도 깊다. 미움이 깊기 때문에 가위로 살을 자르게 하여 고통을 주는 것이다. 그렇지만 살에는 독이 묻어 있어 도저히 먹을 수도 없다. 그런데 왜 독을 묻혀 먹게 줄까? 왜냐하면 전생에서 자신이 저지른 거짓말과 행동〔문서위조 등〕의 추잡함이 바로 독과 같기 때문이다.

그리고 옥졸은 "진실한 말은 안락을 얻지만, 거짓말과 사기는 타인을 고통에 빠뜨리고, 자신도 고통에 빠뜨린다. 진실한 말은 돈으로 살 수 없는 것이지만, 그렇다고 어려운 것도 아니다. 솔직하게 살면 된다. 오히려 거짓말을 하는 것이 어렵다."고 훈계하면서 또다시 독이 묻은 예리한 가위로 살을 잘라 죄인 자신에게 먹이고 몽둥이로 구타한다.

이곳에서 악업이 다하면 어느 세계로 윤회 전생할까? 이 소

175

지옥의 악업이 다하고서 먼 과거 전생의 선업 덕분에 인간으로 태어나더라도 항상 남에게 재산을 빼앗기는 고통을 당한다고 한다.

금강취오처金剛嘴烏處

대규환지옥의 열세 번째 소지옥은 금강취오처이다. 이곳은 '금 강金剛과 같은 단단한 부리(嘴)를 가진 까마귀(烏)가 죄인의 살 점을 먹게 하여 고통을 주는 소지옥'이다.

이곳에는 어떤 죄인이 떨어질까?

질병으로 고통 받고 있는 사람 또는 출가자에게 약을 주거나 치료를 해주겠다고 하고서 치료도 해주지 않고 약도 주지 않은 자가 떨어지는 소지옥이다. 쉽게 말하면 환자에게 적절한 치료 를 하지 않은 의사나 적절한 약을 주지 않은 약사가 떨어지는 곳이다.

오늘날에는 오히려 의사의 과잉 진료와 약사의 과잉 처방이 문제가 되는 시대가 되었지만, 고대 인도사회에서는 의사도 부 족하고 제대로 된 약도 귀했기 때문에 이런 거짓말을 하는 경 우가 많았을 것이다. 그래서 병자를 죽게 만드는 경우가 많았을 것이고, 따라서 이런 지옥이 필요했던 것이다.

이곳에 떨어진 죄인은 어떤 형벌을 받을까?

이곳에서는 날카롭고 단단한 금강〔다이아몬드〕의 부리를 가진 까마귀, 즉 금강취조金剛嘴鳥가 죄인의 피부를 쪼아 물어뜯는다. 그리고 옥졸은 물어뜯긴 죄인의 피부와 살을 곧바로 소생시켜 또다시 물어 뜯게 한다.

이것으로 끝이 아니다. 또 다른 형벌이 죄인을 기다리고 있다. 옥졸은 죄인에게 거센 화염이 타오르는 길을 가게 하거나, 뜨거운 모래 위를 맨발로 걷게 한다. 화염과 뜨거운 모래 때문에 죄인의 몸이 불에 타서 재가 되면, 옥졸은 또다시 소생시켜 처음과 똑같이 계속해서 고통을 가한다.

그런데 또 다른 고통이 기다리고 있다. 이번에는 죄인 자신의 혀를 먹게 한다. 혀가 없어지면 옥졸은 즉시 소생시켜 또 먹게 한다. 왜냐하면 혀로 거짓말을 했기 때문에 이런 고통을 가하는 것이다. 옥졸은 "독은 마신 자만 죽을 뿐이지만 거짓말은 수천 사람을 괴롭힌다."고 호통치면서 끝없이 고통을 가한다.

이곳에서 악업이 다하면 어느 세계로 윤회 전생할까? 전생의 조그만 선업 덕분으로 인간으로 태어나더라도 세상 사람들과 늘 싸움을 하고, 그의 말을 믿는 자가 아무도 없다고 한다.

화만처火鬘處

대규환지옥의 열네 번째 소지옥은 화만처이다. 왜 이런 명칭이 붙었는지 정확하게 알 수 없지만, 화만처란 '불〔火〕의 꽃〔鬘〕으로 태우거나 또는 불〔火〕로 머리카락〔鬘〕을 태워 고통을 주는 소지옥'이라고 생각한다.

이곳에는 어떤 죄를 지으면 떨어질까?

이곳은 법회 중에 법〔부처님의 가르침〕을 위반해 놓고 벌을 면하려고 시치미를 뗀 자가 떨어지는 소지옥이다. 여기서 '법'은 '부처님의 가르침'이라고 한정해서 사용한 것이다. 그러나 '법'을 사회에서 사용하는 말로 넓혀서 사용하면 어떻게 될까? 예를 들어 법을 지켜야 할 입장에 있는 판사나 검사가 법을 어겼거나, 법을 어긴 것이 사실로 드러났음에도 처벌을 면하려고 거짓말한다면 어떻게 되겠는가? 확대해서 해석하면 이런 자들도 이곳에 떨어지는 것이다. 그러므로 이곳은 거짓말을 한 판사 · 검사 · 경찰관 등도 떨어지는 지옥이라고 할 수 있을 것이다.

이곳에 떨어진 죄인은 어떤 처벌을 받을까?

우선 옥졸은 죄인을 뜨겁게 달구어진 철판 위에 놓고, 그 위에 또 다른 철판을 덮어씌운다. 양 철판에는 무나 생강 등을 가는 채칼과 같은 쇠 가시가 붙어 있다. 그리고 옥졸은 양쪽의 철판으로 죄인의 온몸을 문지른다. 그러면 죄인의 살 · 근육 · 내장 · 뼈 등의 온몸은 어떻게 되겠는가? 한번 상상해 보시기를.

고통에 시달리다 죄인의 숨이 끊어지면, 옥졸은 소생시켜 처음과 똑같은 고통을 계속해서 가한다. 구사일생으로 도망친 죄인은 화산 폭발로 용암이 흘러내리는 것처럼, 열에 의해 검붉게 녹아 물렁물렁하게 된 재가 부글부글 거품을 일으키며 흐르는 강을 만난다. 옥졸이 뒤쫓아 오기 때문에 죄인은 망설임 없이 이 강에 뛰어든다. 그러면 죄인의 몸은 물렁물렁하게 녹은 뜨거운 재에 휘말려 불태워진다. 이런 고통이 끝없이 반복된다.

이곳에서 악업이 다하면 어느 세계로 윤회 전생할까? 지옥의 악업이 다하고서 먼 과거 전생의 선업 덕분에 인간으로 태어나더라도 말을 더듬어 아무도 그의 말을 알아들을 수 없게 된다고 한다.

수봉고처受鋒苦處

대규환지옥의 열다섯 번째의 소지옥은 수봉고처이다. 이곳은 '날카로운 칼끝과 같은 바늘〔鋒〕로 고통〔苦〕을 받는〔受〕 소지옥〔處〕'이다.

이곳은 어떤 죄를 지으면 떨어질까?

이곳은 보시를 하겠다고 말해 놓고 보시를 하지 않은 자 또는 반대로 진심어린 보시금이나 보시물에 트집을 잡은 자가 떨어지는 소지옥이다. 또는 보시를 받았음에도 받지 않았다고 트집을 잡거나 보시 내용물로써 사람을 편애한 지위 높은 출가자도 떨어지는 곳이다. 왜냐하면 사회에서든 승단에서든 고위직에 있는 자가 사람을 차별하는 것은 그 집단이나 조직을 무너뜨리는 지름길이기 때문이다. 이런 속 좁은 자들을 벌주기 위해서 꼭 필요한 소지옥이다.

이곳에 떨어지면 어떤 벌을 받을까?

죄인이 이곳에 떨어지면, 옥졸은 엄청나게 가늘고 날카롭고, 검붉게 불타고 있는 바늘로 입과 혀를 찌른다. 그것도 대충 찌르는 것이 아니라 머리카락 사이의 틈보다 더 꼼꼼하고 세세하게 찔러서 고통을 준다. 그래서 '수고봉 소지옥'이라고 한다. 그러면서 옥졸은 "너의 입과 혀가 거짓말을 하고, 편애했기 때문에 이런 벌을 받는다."고 훈계한다.

또는 옥졸은 죄인의 몸을 쇠 가쇄枷鎖*로 누르거나, 쇠갈고리로 찌르거나, 쇠 절굿공이를 사정없이 휘둘러 때린다. 고통에 시달리다 죄인의 숨이 끊어지면 옥졸은 곧바로 소생시켜, 또다시 처음과 똑같은 고통을 가한다.

이곳에서 악업이 다하면 어느 세계로 윤회 전생할까? 지옥의 악업이 다하고서 먼 과거 전생의 선업 덕분에 인간으로 태어나더라도 남에게 신뢰를 얻지 못하고, 구걸로 평생을 보낸다고 한다.

---

* 칼 가枷, 쇠사슬 쇄鎖 자로 이루어진 말로, 옛날 죄수에게 도망 못 가게 목에 칼을 씌우고 발목에 채웠던 쇠사슬이다.

수무변고처受無邊苦處

대규환지옥의 열여섯 번째 소지옥은 수무변고처이다. 이곳은 '끝없이〔無邊〕여러 형벌로 고통〔苦〕을 받는〔受〕소지옥'이다.

이곳에는 어떤 죄인이 떨어질까?

간단하게 말하면 그릇된 길로 재가자를 인도한 출가자가 떨어진다. 좀 더 자세하게 설명하자면, 바른 길로 인도해야 할 출가자가 재가자를 나쁜 길로 인도하거나 보시물을 강요하여 그 보시물로 사리사욕을 채운다면 떨어진다. 또는 책임자의 위치에 있으면서 도둑과 결탁하여 타인의 재산을 강탈한 자도 떨어진다. 예를 들면 승객의 안전을 책임지고 있는 선장이 해적과 결탁하여 배에 타고 있는 승객이나 상인들의 재산을 빼앗는 경우에 떨어진다.

이곳에 떨어진 죄인은 어떤 형벌을 받을까?

이곳에 죄인이 떨어지면 우선 옥졸은 뜨거운 쇠 젓가락 또는 쇠갈고리로 죄인의 혀를 뽑는다. 아무리 혀를 뽑아도 혀는 다시 살아난다. 그때마다 옥졸은 다시 죄인의 혀를 뽑아 고통을 가한다. 또는 옥졸은 죄인의 눈을 뽑거나 예리한 면도칼로 살점을 도려낸다. 게다가 단충斷虫이라는 예리하고 날카로운 이빨을 가진 벌레가 죄인의 내장을 먹는다. 이와 같은 형벌은 끝없이 반복된다. 그래서 '수무변고 소지옥'이라고 한다.

이것으로 끝이 아니다. 또 다른 형벌이 죄인을 기다리고 있다. 옥졸은 죄인을 캄캄한 방에 집어넣는데, 이곳에서는 불꽃을 뿜어내는 철로 된 입과 이빨을 가진 마갈摩竭이라는 물고기가 죄인의 몸을 태우고서 씹어 먹는다. 옥졸은 왜 죄인을 불태우는가? 그 이유를 옥졸은 "거짓말은 가장 큰 불이고, 모든 것을 태운다. 모든 것을 태우는데, 거짓말만 남겨놓을 수 없다. 모든 것은 너의 거짓말이 원인이다. 만약 사람이 정직한 삶을 버리고 거짓으로 산다고 하면, 그것은 보물을 버리고 돌을 줍는 것과 같은 것이며, 거짓의 불로 자신을 태우는 것과 같다. 정직한 삶은 어렵지 않다. 오히려 거짓말하는 것이 더 어렵다. 거짓에 머리를 사용하는 것보다 정직하게 살라. 지혜로운 사람은, 거짓은 고통의 씨앗이고 정직은 즐거움의 씨앗이라는 것을 잘 알고 있다. 진심을 말하는 사람은 모두에게 사랑받고 행복한 삶을 살 수 있지만, 거짓말을 하는 사람은 모두에게 미움 받고 지옥에 떨어진다. 좋은 결과는 선행에서 생기고 악행은 나쁜 결과를 초래한다."(앞의 책, 山本健治) 라고 훈계한다. 또한 동시에 옥졸은 "너는 왜 뉘우치지 않느냐!"고 참회와 반성을 요구한다.

이곳에서 악업이 다하면 어느 세계로 윤회 전생할까? 전생의 조그만 선업 덕분에 인간으로 태어나더라도 평생을 가난하게 살며, 남의 노예로 일생을 보낸다고 한다.

혈수식처血髓食處

대규환지옥의 열일곱 번째 소지옥은 혈수식처이다. 이곳은 '죄인 자신의 피〔血〕와 골수〔髓〕를 먹게〔食〕 하여 고통을 주는 소지옥〔處〕'이다.

이곳에는 어떤 죄인이 떨어질까?

이곳은 세금을 징수할 수 있는 권한이 있는 자, 예산을 편성할 수 있는 자, 법을 제정할 수 있는 자 등, 한마디로 말하면 권력을 가진 위치에 있으면서 국민들로부터 세금을 충분히 거두었는데도 아직 부족하다고 거짓말을 하여 더 많은 세금을 거둔 자가 떨어지는 소지옥이다. 즉 국민에게 무리한 세금을 부과하여 엄하게 징세를 하면서도 자신은 사치한 지도자나 고위 관료가 떨어지는 곳이다.

이곳에 떨어진 죄인은 어떤 형벌을 받을까?

이곳은 수목이 울창한 산이 있다. 옥졸은 불타고 있는 나무에 검붉게 불타는 쇠줄로 죄인을 묶어 거꾸로 매단다. 그리고 옥졸은 죄인에게 "모든 국민이 필사적으로 세금을 납부하고 있음에도 너희는 사치로 낭비할 뿐만 아니라 더욱더 세금을 거둬들여 고통스럽게 했다. 그 벌을 받는 것이다. 국민들이 당한 고통에 비하면 지금 너의 고통은 아무것도 아니다."라고 훈계한다.

게다가 옥졸이 죄인의 손발을 묶어 나무에 거꾸로 매달아 놓으면, 예리하고 금강과 같이 단단한 부리와 발톱을 가진 까마귀가 와서 발을 쪼아 먹는다. 까마귀가 죄인의 발을 쪼아 먹으면 피와 골수가 흐르게 되는데, 죄인은 자신의 몸을 타고 내리는 피와 골수를 마셔야 한다. 옥졸은 "피와 골수가 지금부터 너의 식량이다. 국민의 혈세를 탐한 자에게 어울리는 형벌이다. 괴롭다고 원망하지 말라. 너의 피고 골수가 아닌가"라고 말하면서 끊임없이 피와 골수를 먹인다. 그래서 '혈수식 소지옥'이라고 한다. 이처럼 이곳은 국민에게서 혈세를 거두어들인 벌로 정치가나 관료가 떨어지는 소지옥이다.

이곳에서 악업이 다하면 어느 세계로 윤회 전생할까? 지옥의 악업이 다하고서 먼 과거 전생의 선업 덕분에 인간으로 태어나더라도 늘 가난하게 살고, 싸움이나 내기를 해도 항상 진다고 한다.

십일염처十一炎處

대규환지옥의 열여덟 번째 소지옥은 십일염처이다. 이곳은 '시방〔十方〕에서 엄청나게 많은〔十一〕 불꽃〔炎〕으로 불태워 고통을 주는 소지옥〔處〕'이다.

이곳에는 어떤 죄를 지으면 떨어질까?

이곳은 국민으로부터 신뢰를 받고 공정한 판결을 내려야 하는 재판관이 뇌물을 준 사람이나 지인에게 유리한 판결을 내리거나 인정에 치우쳐 부당하게 판결했을 때 떨어지는 소지옥이다. 또한 뇌물을 받고 선량한 사람을 부당하게 기소한 검사도 이곳에 떨어진다. 다시 정리하자면 이곳은 뇌물을 준 자보다는 받은 자를 처벌하는 지옥이다.

이곳에 떨어진 죄인은 어떤 형벌을 받을까?

우선 이곳에 떨어진 죄인은 굶주림, 갈증의 고통을 받는다. 그리고 옥졸은 격렬하게 타오르는 불로 죄인의 입과 혀를 태운다. 왜냐하면 입과 혀로 거짓말을 했기 때문이다. 죄인의 입과 혀가 다 타면, 옥졸은 소생시켜 또다시 태운다. 이처럼 화염으로 여러 가지 고통을 당하기 때문에 '십일염 소지옥'이라고 한다.

재판은 공정한 판결을 내려서, 사회정의를 실현하는 것이 그 목적이다. 그런데도 부당하게 기소하거나 부당하게 판결을 내리는 것은 그 사회의 체제를 뿌리 채 뒤흔드는 커다란 죄다. 그러므로 부정을 범한 검사나 재판관이 이런 지옥에 떨어져 고통을 받아야 하는 것은 당연하다.

이곳에서 악업이 다하면 어느 세계로 윤회 전생할까? 전생의 조그만 선업으로 인간으로 태어나더라도 항상 굶주림에 시달리고, 단명하며, 구걸로 평생을 보낸다고 한다.

지금까지 소개한 5곳의 지옥〔등활, 흑승, 중합, 규환, 대규환〕은 모두 오계를 범한 자들이 떨어지는 지옥이다. 오계란 출가자뿐만 아니라 재가자도 지켜야 하는 것이다. 그러므로 출가자는 말할 필요도 없으며, 재가자 또한 오계를 지키지 않으면 지옥에 떨어진다.

　앞으로 소개할 3곳의 지옥은 주로 출가자가 죄를 범했을 때 떨어지는 지옥이다. 초열지옥, 대초열지옥, 아비지옥이 그것이다.

6 초열지옥

사견의 죄를 범한 자가 떨어진다

팔열지옥의 여섯 번째는 초열지옥焦熱地獄 또는 염열지옥(炎熱地獄, tāpana-naraka)이다. 초열지옥은 '뜨거운 불길이 몸을 따라 전전하고 주위를 활활 태우는 지옥'이다.

이곳은 어디에 있는가? 대규환지옥 밑에 위치한다. 크기와 형벌의 고통은 어느 정도인가? 크기는 대규환지옥과 동일하며, 형벌의 고통은 대규환지옥의 10배이다.

이곳은 어떤 죄인이 떨어질까?

이곳은 앞에서 언급한 살생·도둑·사음·음주·거짓말에 더하여 사견邪見을 지은 자와 그리고 그 사견을 주위에 널리 퍼뜨린 자가 떨어지는 지옥이다.

사견이란 부처님의 가르침인 연기·사성제 또는 인과의 도리를 인정하지 않는 견해를 말한다. 우리들은 보통 죄를 지으면 죗값을 받고, 좋은 일을 하면 좋은 과보를 받는다고 믿고 있다. 그런데 사견은 이런 인과의 도리를 부정하는 견해이다. 인과의 도리, 즉 연기법을 부정하는 것은 수행에 의해 깨달음에 이른 부처님의 존재를 인정하지 않는 것이고, 그 결과 불법승의 삼보를 부정하는 견해이다. 게다가 사악한 말로써 타인에게 널리 퍼뜨려 자신뿐만 아니라 타인에게도 잘못된 삶을 살게 하는 커다란 악행을 저지르는 것이다. 그래서 악견惡見 중에서도 사견이 가장 나쁜 것이다.

이 외에도 불교에서는 4가지 잘못된 견해를 제시하고 있는데, 간단히 살펴보자.

먼저 살가야견(薩迦耶見, satkāyadṛṣṭi)이다. 살가야견은 범어 '존재하다'의 사트(sat), '몸〔신체〕'의 카야(kāya), '보다'의 드리스티(dṛṣṭi)로 이루어진 합성어를 발음 나는 대로 음사한 것이다. 한역에서는 '신체〔身〕가 있다〔有〕고 집착하는 견해〔見〕'라는 의미로 '유신견有身見'이라고 한다. 다시 말해 살가야견은 무상·무아인 자기의 존재 실체를, 즉 '오온개공'임에도 불구하고 상주불변하는 것으로 생각하거나, 자기가 가진 것에 집착하거나 애착하여 생기는 번뇌를 말한다.

다음은 변집견邊執見이다. 변집견이란 가장자리 변邊, 잡을 집執, 볼 견見으로 이루어진 글자로 '극단에 집착하는 견해'라는 뜻이다. 특히 변집견은 우리들이 죽으면 모두 사라진다는 단멸론과 죽으면 영혼과 같은 것이 영원히 존재한다는 상주론과 같은 극단적인 견해를 말한다. 우리들은 자신의 견해, 경험, 지식,

감정을 가지고 사물을 보고 판단한다. 그렇기 때문에 끊임없이 자기의 견해가 바른지 그른지, 다시 말해 변집견에 빠져 있지 않은지 항상 점검하고 반성해야 하는 것이다. 불교에서 말하는 대표적인 양극단에는, 이 세계는 존재한다거나 존재하지 않는다는 극단적인 입장인 유무론有無論, 인간이 죽으면 모든 것은 사라진다는 단멸론과 인간이 죽어도 영혼은 불변한다는 상주론의 단상론斷常論, 육체를 괴롭히는 고행과 애욕에 집착하는 쾌락의 극단적 입장인 고락론苦樂論이 있다. 그래서 부처님도 이러한 양극단에 벗어난 유무중도, 단상중도, 고락중도의 실천을 강조하였던 것이다.

요즈음 다른 사람의 사고방식이나 종교를 무시하고 자기의 사고방식이나 종교를 강요하는 집단이나 개인이 극성을 부리고 있다. 내가 믿고 있는 종교 이외에는 다 우상숭배라고 극단적으로 생각하는 종교인들이 판치는 세상, 우리 편 아니면 적군이라는 극단적인 사고방식, 이것은 되고 저것은 안 된다는 우물 안 개구리 같은 좁은 소견이 마치 진리인 양 판치는 일상생활에서 양극단을 벗어난 중도를 실천하기란 너무나 힘들다. 그렇다고 내 삶의 중요한 터전인 대한민국에서 부처님의 가르침을 포기할 수는 없다. 그렇기 때문에 우리들은 열심히 그리고 묵묵히 수행하는 길밖에 없을 것 같다. 나아가 양극단의 사고방식이 횡행하지 않도록 뜻있는 도반끼리 모여 행동으로 보여주는 실천도 반드시 동반해야 할 것이다.

　다음은 견취견見取見이다. 견취견이란 자신의 사고방식이나 견해만이 올바르다고 생각하는 견해이다. 이런 사람은 자신의 견해에 대해 반성하는 마음이 없다. 이와 같이 자신의 견해만이 옳다고 주장하면 타인과 화합하거나 타협할 수 없기 때문에 결국 싸움만이 있을 뿐이다. 인류 역사를 보면 종교나 사상이 다르다는 이유만으로 타인을 살해하거나 전쟁을 일으키는 광란이 자행되어 왔다.

　다음은 계금취견戒禁取見이다. 계금취견이란 잘못된 계율을 뛰어난 계율이라고 생각하고, 그것에 따라 살아가는 방식을 정당하다고 여기며, 그것에 의해 해탈에 도달할 수 있다고 집착하는 견해이다. 다시 말해 자신이 믿고 있는 계율을 절대시하는 것이다.(『유식삼십송과 유식불교』, 김명우) 부처님 당시에도 잘못된 계율을 신봉하는 사람들이 많았다. 특히 고행, 즉 자기의 몸을 괴롭히는 것을 권장하는 것을 바른 계율이라고 믿고, 그것을 실행하며 다른 계율을 일체 인정하지 않는 것이다. 부처님은 인간의 가장 보편적인 계율인 오계와 팔재계의 준수를 우리들에게 요구하고 있다. 다시 말해 계금취견은 부처님의 가르침인 오계와 팔재계를 준수하지 않고 잘못된 계율인 고행 등을 지키며, 이것에 집착하는 것이다. 이런 잘못된 견해에서 벗어나는 것이 참된 불자라고 필자는 생각한다.

다시 본론으로 돌아가자. 또한 초열지옥은 사견의 죄를 범한 자뿐만 아니라 자살한 자들이 떨어지는 지옥이다. 다시 말해 사바세계의 삶이 힘들어 천계에 태어나려고 자살한 사람이 떨어지는 곳이다. 우리나라는 현재 OECD 국가 중에 자살률이 가장 높은 것으로 알려져 있다. 자살하는 원인은 개개인마다 다른 이유가 있겠지만, 정신의학자들의 견해에 따르면 대개 다음과 같은 이유에서 자살을 한다고 한다. 즉 연애에 실패하여, 남편의 외도에 실망하여, 현실생활에서 어려움과 불행에 지쳐, 성취하려고 노력했지만 실패하자 좌절하여 자살한다고 한다. 이처럼 경제적인 현실에 좌절하거나 인간관계에 절망하여, 다시 말하면 더 이상 '희망'이 보이지 않을 때 자살을 선택한다고 한다. 결국 한국에서 자살률이 높다는 것은 개인적인 문제도 있지만, 우리나라가 현실적으로 생활하기에 힘든 나라라는 사실을 반증하는 것이다. 현재 자살률을 낮추기 위하여 국가와 종교계에서 많은 노력을 하고 있지만, 다른 선진국에 비해 많이 미흡한 실정이다. 그러므로 불교계의 역할이 중요한 시기라고 생각한다. 왜냐하면, 자본주의는 욕망을 추구하는 사회이다. 그 욕망이 충족되지 않을 때 인간은 좌절하여 자살하는 경우가 많다. 필자는 불교가 욕망을 억제하는 방법을 가장 잘 제시하는 종교라고 생각한다. 그래서 자살방지를 위한 불교계의 역할이 중요하다고 생각하는 것이다.

그렇다면 초열지옥에 떨어진 죄인은 어떤 고통을 받을까?

초열지옥은 이름 그대로 뜨거운 불길이 맹렬하게 타오르는 성벽 안이다. 특히 우리의 감각으로 느끼는 뜨거움을 초월한 업의 불길(業火, 지옥에 떨어진 죄인을 태워 없애 버리는 강렬한 불)이 타오르고 있다. 그 업의 불길은 우리가 살고 있는 사바세계 전부를 한순간에 불태울 만큼 강렬하다. 업의 불길만으로도 뜨거운데, 이곳에서는 마두와 우두의 옥졸이 죄인을 눕혀 뜨겁게 달군 철봉으로 머리부터 발끝까지 때린다든지 쇠 가마솥 속에 넣어 삶는다든지 또는 항문에서 머리까지를 쇠꼬챙이로 꿰어 통째로 굽기도 하는 고통을 가한다.

이 초열지옥에도 16곳의 소지옥이 있다. 구체적으로 살펴
보자.

대소처大燒處

초열지옥의 첫 번째 소지옥은 대소처이다. 대소처는 '큰 대大',
'태울 소燒', 즉 '죄인을 엄청나게 큰 불로〔大〕 태우는〔燒〕 소지
옥'이다.

이곳에는 어떤 죄를 지으면 떨어질까?

이곳은 "살생하면 천상에 태어난다. 살생은 구제 받는다." 등
의 사견을 설한 자가 떨어지는 소지옥이다. 보다 구체적으로 말
하면, 살생을 권하고 미화할 뿐만 아니라 부끄러워하지도 않고
유행시키거나 실행한 자가 떨어지는 곳이다.

이곳에 떨어진 죄인은 어떤 형벌을 받을까?

초열지옥은 이름대로 뜨거운 불로 태우는 지옥이다. 대소처
도 초열지옥의 부수하는 소지옥이므로 당연히 죄인을 불태워
고통을 준다. 특히 옥졸은 죄인의 몸에서 '후회의 불꽃'을 생기
게 하여 내장을 태운다. 그래서 '대소 소지옥'이라고 한다.

죄인이 살려달라고 애원하면 옥졸은 "너를 태우는 불은 너의
사견이 초래한 마음의 죄에 의해 타오르는 불이다. 살생하면 천
상에 태어난다거나 구제받는다고 하는 터무니없는 말을 하고

서도, 전혀 부끄러워하지도 않고 반성하지도 않았다."고 호통친다. 그래서 사건을 불태워 없애기 위해 옥졸은 한층 더 격렬하게 강렬한 불꽃으로 불태운다.

이곳에서 악업이 다하면 어느 세계로 윤회 전생할까? 이곳의 악업이 다하여도 아귀로 300년, 축생으로 200년 동안 살아야 한다. 또한 전생의 조그만 선업으로 인간으로 태어나더라도 부모를 존경하지 않고, 부끄러움도 모르며, 바른 가르침도 듣지 못하고, 남에게 천대받으며 산다고 한다.

분다리가처分茶梨迦處

초열지옥의 두 번째 소지옥은 분다리가처이다. 분다리가는 범어 '푼다리카(puṇḍarīka)'의 음사로, 흰 연꽃(白蓮)을 의미한다. 그러므로 분다리가처란 '흰 연꽃이 피어 있는 연못에 죄인을 빠뜨려 고통을 주는 소지옥'이다.

이곳은 어떤 죄를 지으면 떨어질까?

이곳은 사견에 빠져 '굶어서 자살하여도 천상에 오를 수 있다'고 말한 자가 떨어지는 소지옥이다. 게다가 주위 사람에게도 퍼뜨려 많은 선량한 사람을 자살하게 만든 자도 떨어지는 곳이다. 오늘날 사이버 공간에 모여 자살을 권하거나 집단으로 자살하는 젊은이가 속출하는데, 이런 지옥이 있다는 것을 명심하시고 꼭 생각을 바꾸시기를…….

이곳에 떨어진 죄인은 어떤 형벌을 받을까?

이곳에 죄인이 떨어지면, 옥졸은 머리카락 하나도 들어갈 틈이 없을 정도로 도처에 불을 뿜어내어 죄인의 온몸을 마치 겨자씨처럼 불태운다. 그러면 너무나 고통스러워 죄인은 살려달라고 애원하지만, 옥졸은 "너는 굶어죽으면 천상에 태어난다고 자살하는 것을 미화하였다. 그래서 죽음에 이르는 과정을 보다 자세하게 알게 할 필요가 있다. 간단하게 죽으면 그것이야말로 안타까운 일이다."고 훈계하면서, 죄인의 입과 목을 태운다. 고통에 시달리다 죄인의 숨이 끊어지면, 옥졸은 곧바로 소생시킨다.

이것으로 끝이 아니다. 다음의 고통이 죄인을 기다리고 있다. 죄인의 귀에 "빨리 달려. 여기는 흰 연꽃이 피어 있는 아름다운〔분도리가〕의 연못이다. 물을 마실 수 있다."라는 소리가 들린다. 죄인은 뜨겁고 목이 말라 물을 마시려고 필사적으로 달린다. 그리고 흰 연꽃이 피어 있는 연못에 뛰어들어 엉겁결에 뜨거운 물을 마셔버린다. 그런데 그곳은 물이 아니라 사실은 화염 속이다. 그래서 '분다리가 소지옥'이라고 한다. 이런 고통에 시달리다 죄인의 숨이 끊어지면, 옥졸은 곧바로 죄인을 소생시킨다.

죄인이 살려달라고 애원하면, 옥졸은 "너는 굶어서 죽으면 천상에 태어난다고 지껄였을 뿐만 아니라, 자신의 목숨을 하잘것

없는 것으로 여겼기 때문에, 지금 여기서 이런 벌을 받는 것이다. 생명의 중요함을 일깨우기 위해 고통을 주는 것이다."고 호통치면서 계속해서 불태운다.

이곳에서 악업이 다하면 어느 세계로 윤회 전생할까? 이곳의 악업이 다하여도 아귀로 400년, 축생으로 300년 동안 살아야 한다. 또한 전생의 조그만 선업 덕분에 인간으로 태어나더라도 가난한 나라에 태어나 힘들게 산다고 한다.

용선처龍旋處

초열지옥의 세 번째 소지옥은 용선처이다. 이곳은 '화가 난 용龍이 일으키는 독이 섞인 회오리바람에 휘말리게〔旋〕하여 고통을 주는 소지옥' 또는 '용이 돌고 있는 소지옥'이라고 할 수 있다.

어떤 죄를 지으면 이곳에 떨어질까?

행위가 단정하지 못한 자가 떨어지는 곳이다. 다시 말해 예의나 예절의 의미를 이해하지 못한 자가 떨어지는 지옥이다. 좀 더 구체적으로 말하면, 예의이나 예절의 의미를 이해하려고 하지 않으며, 타인에게 무례하게 행동하거나 식사할 때도 지나치게 음식을 탐하고 아까운 음식을 남긴 자가 떨어지는 곳이다. 또한 이곳은 '탐진치의 삼독을 끊으면 열반에 들 수 있다'는 것은 거짓말이라고 말한 자도 떨어진다. 다시 말해 열심히 수행 노력하면 깨달음을 얻을 수 있다는 것을 믿지 않는 자, 즉 수행하면 '성불'할 수 있다는 것을 믿지 않는 자가 떨어진다. 결국 이것은 부처님의 가르침을 부정하는 것이다.

이곳에 떨어진 죄인은 어떤 고통을 받을까?

이곳은 머리에서 불꽃을 뿜어내고, 예리한 이빨과 독이 묻은 발톱을 가졌으며, 피부에는 날카로운 가시가 수없이 꽂혀 있는 악룡惡龍들이 있다. 악룡은 죄인의 주위를 빙빙 돌다가 화를 낼 때마다 독과 불꽃을 뿜어내고, 가시를 회오리바람처럼 격렬하게 회전시켜 죄인을 가루로 만들어버린다.

또한 악룡의 이빨은 독과 불꽃을 내뿜고 있기 때문에 악룡에 물리면 죄인은 맹독으로 고통 받으며 동시에 불태워진다. 이 독과 불꽃으로 죄인의 숨을 끊어지면, 옥졸은 죄인을 소생시켜 또 다시 계속해서 고통을 가한다.

그런데 이것으로 고통이 끝나지 않는다. 옥졸은 '독의 불(毒火)', '지옥의 불(地獄火)', '기아의 불(飢餓火)', '병의 불(病火)'이 펄펄 타오르는 곳에 죄인을 던져 고통을 준다. 이 고통도 끝없이 계속된다.

이곳에서 악업이 다하면 어느 세계로 윤회 전생할까? 이 지옥의 악업이 다하여도 침인아귀針咽餓鬼 또는 침구아귀針口餓鬼로 태어난다고 한다. 침인아귀〔침구아귀〕란 배는 산만큼 크지만 목이 바늘구멍만하기 때문에 늘 굶주림에 시달리는 아귀이다. 왜 침인아귀가 되었을까? 탐욕과 인색한 마음 때문에 보시도 하지 않고, 곤란한 사람에게 옷과 먹을거리를 베풀지도 않으며, 불교의 가르침도 믿지 않은 자가 침인아귀가 된다. 침인아귀는 우리들이 탱화에서 자주 접하는 아귀이다. 또한 축생〔사자, 곰〕으로 태어나 200년 동안 살아야 한다. 게다가 전생의 조그만 선업 덕분에 인간으로 다시 태어나더라도 물·음식 등이 전혀 없는 곳에 태어나 굶주림과 목마름의 고통을 당한다고 한다.

적동미니어선처赤銅彌泥魚旋處

초열지옥의 네 번째 소지옥은 적동미니어선처이다. 이곳은 '물렁물렁하게 녹은 붉은 구리〔赤銅〕 액이 부글부글 끓어오르는 광대한 바다에 살고 있는 미니〔彌泥〕라는 물고기〔魚〕가 돌아다니면서〔旋〕 죄인을 괴롭히는 소지옥'이다.

이곳은 어떤 죄를 지으면 떨어질까?

'생물이든 무생물이든 세상에 존재하는 모든 것은 인도의 최고신인 대자재천(魔醯首羅, Maheśvara)이라는 창조신이 만든 것으로, 윤회 전생은 없다'고 말한 자가 떨어지는 소지옥이다. 불교의 입장에서 해석해 보면, 부처님의 가르침인 업과 연기법을 부정한 자, 또는 그것을 사람들에게 퍼뜨린 자가 떨어지는 소지

옥이다. 확대해서 해석해 보면 인과응보나 수행의 공덕을 부정하는 자가 떨어지는 곳이다

이곳에 떨어지면 어떤 형벌을 받을까?

이곳에는 물렁물렁하게 녹은 붉은 구리 액이 부글부글 끓어오르는 광대한 바다가 있다. 그 바다에는 예리한 칼날보다 더 날카로운 이빨을 가진 수많은 미니彌泥라는 물고기가 끈적끈적한 침을 내뿜어 마치 거미가 몸을 움직이지 못하게 거미줄로 동여매어 벌레를 잡는 것처럼 죄인을 붙잡는다.

그리고 미니어彌泥魚는 붉은 구리 액의 바다에 빠져 있는 죄인의 상반신을 씹어 먹고, 죄인의 하반신은 붉은 구리 액의 바다에서 불태운다. 죄인은 씹히고 태워지는 이중의 고통으로 울부짖는다. 그런 후에도 죄인은 계속해서 붉은 구리 액의 바다를 떠돌며 삶기고 불태워진다. 게다가 뜨겁게 끓어오르는 붉은 구리 액을 눈, 코, 입, 숨구멍으로 불어 넣어 끊임없이 고통을 가한다.

또한 이 바다에는 금강과 같은 단단한 부리와 날카로운 쇠어금니를 가진 벌레가 있어, 독을 뿜어내면서 죄인을 씹어 먹는다.

이곳에서 악업이 다하면 어느 세계로 윤회 전생할까? 이곳의 악업이 다하여 벗어났다 하더라도 300년 동안 희망아귀로 지낸다. 희망아귀悕望餓鬼라고 하니, 독자들께서는 '이런 좋은 이

름을 가진 아귀도 있구나'라고 생각할 수도 있겠지만, '바랄 희
希'가 아니고 '슬퍼할 희悕'이다. 희망아귀는 어떤 고통을 당할
까? 희망아귀는 오로지 불단에 올린 음식만을 먹을 수 있다고
한다. 왜 그런가? 이런 아귀는 전생에 높은 금리로 돈을 빌려주
었거나 타인을 속여 돈이나 재산을 축적한 자들이기 때문이다.
그리고 부당한 상거래로 돈을 번 자는 망망대해의 풀 한 포기,
물 한 방울도 나지 않는 불모의 땅에 사는 아귀가 된다고 한다.
그래서 희망아귀는 아침 이슬만 마실 수 있다.

　게다가 아귀도에서 벗어나더라도 축생으로 태어나 굶주림과
추위 등에 시달린다. 또한 인간으로 태어나더라도 험악한 장소
에 태어난다고 하다.

철확처鐵鑊處

초열지옥의 네 번째 소지옥은 철확처이다. 철확처란 '쇠 철鐵',
'가마솥 확鑊' 자이므로, '쇠 가마솥에 죄인을 던져 넣어 고통을
주는 소지옥'이다.

　이곳에는 어떤 죄를 지으면 떨어질까?

　외도의 사견에 빠져, 열심히 수행하는 출가자나 동물을 살해
해도 구제받는다고 한 자가 떨어지는 곳이다. 좀 더 자세하게
설명하면, 이곳은 사견에 빠져 '사람이나 동물을 살해해도, 그

살해당한 사람이나 동물이 천상에 다시 태어나면 나도 천상에 태어난다. 그러므로 살인은 나쁘지 않다'라고 말한 자가 떨어지는 소지옥이다. 더불어 부처님의 가르침인 정법을 방해하고 남에게 이런 삿된 가르침을 퍼뜨린 자도 떨어진다.

이곳에 떨어진 죄인은 어떤 고통을 받을까?

이곳에 죄인이 떨어지면, 옥졸은 깊이가 10유순〔140km〕이나 되고, 붉은 구리 액이 펄펄 끓어오르는 여섯 개의 거대한 가마솥에 죄인을 던져 넣어 삶는다. 그 여섯 개의 가마솥 이름은 각각 평등수고무력무구平等受苦無力無救·화상열비火常熱沸·거엽수생鋸葉水生·극리도만極利刀鬘·극열비수極熱沸水·다요악사多饒惡蛇이다.

첫 번째는 평등수고무력무구의 가마솥이다. 옥졸은 여러 죄인을 밀가루반죽처럼 만들어, 전혀 저항할 수 없게 하여 붉은 구리 액이 뜨겁게 끓어오르는 가마솥에 넣어 삶고 불태운다. 죄인은 이곳을 빠져나갈 힘도 없으며, 누구도 구해주는 사람도 없이〔無力無救〕, 똑같은〔平等〕 고통〔苦〕을 끝없이 받는다〔受〕.

두 번째는 화상열비의 가마솥이다. 뜨겁게 끓고 있는 붉은 구리 액으로 죄인의 몸을 재로 만들어 흩어지게 한다. 옥졸은 재를 모아 다시 소생시킨다. 또다시 옥졸은 구리 액이 언제나〔常〕 뜨겁게 끓어오르는〔熱沸〕 가마솥〔鑊〕에 던져 넣어 죄인의 온 몸을 삶고 불태워〔火〕 재로 만들어 흩어지게 한다. 이 고통이 끊임없이 계속된다.

세 번째는 거엽수생의 가마솥이다. 옥졸은 붉은 구리 액이 뜨겁게 끓어오르는 가마솥에 죄인을 거꾸로 매달아 건졌다가 집어넣었다가 하면서 죄인의 온몸을 '거엽鋸葉, 즉 '나무 잎사귀 같은 톱'으로 자른다. 그러면 잘려나간 틈으로 붉은 구리 액이 몸으로 스며들어 죄인은 엄청난 고통에 시달린다. 또한 잘려진 살 조각은 가마솥에서 삶겨져 문드러진 콩처럼 된다. 고통에 시달리다 죄인의 숨이 끊어지면, 옥졸은 본래의 모습으로 되돌려 또다시 처음과 똑같은 고통을 끊임없이 가한다.

네 번째는 극리도만의 가마솥이다. 죄인을 면도칼 같이 아주 날카로운 칼날〔極利刀〕이 안쪽에 꽂혀 있는 가발〔鬘〕을 덮어씌워서 붉은 구리 액이 뜨겁게 끓어오르는 가마솥에 삶는다. 뜨겁게 끓어오르는 구리 액에 삶겨지고 예리한 칼날이 머리를 찔러 꿰뚫기 때문에 죄인은 뜨거움과 아픔이라는 2중의 고통을 당한다.

다섯 번째는 극열비수의 가마솥이다. 이곳은 물〔水〕이 극열하게 끓고 있는〔極熱沸〕 가마솥〔鑊〕에 죄인을 넣어 삶는다. 엄청난 고압과 고열에 의해 물이 산보다 높게 솟아오른다. 죄인도 함께 솟아오른다. 압력과 열로 엄청난 고통을 맛보게 한다.

여섯 번째는 다요악사의 가마솥이다. 가마솥은 거대하고 뜨거운 불이 활활 타고 있다. 그리고 가마솥 안에는 날카로운 이빨과 맹독을 가진 수많은〔多饒〕 독사〔惡蛇〕가 있다. 옥졸은 죄인을 그곳에 내던진다. 그러면 독사가 날카로운 이빨로 물어 먹어 버린다. 죄인의 숨이 끊어지면 소생시켜 또다시 처음과 똑같은 고통을 가한다.

그래서 다른 문헌에서는 '철확처'를 커다란 가마솥에 삶겨지는 고통을 당하는 '확탕소지옥鑊湯小地獄'이라도 한다.

이곳에서 악업이 다하면 어느 세계로 윤회 전생할까? 이곳에서 악업이 다하여도 300년 동안 각각 아귀와 축생으로 살아야 한다. 이 지옥의 악업이 다하고, 전생의 조그만 선업 덕분에 인간으로 다시 태어나더라도 쓸모없거나 나쁜 학설을 주장하는 사람으로 태어난다고 한다.

혈하표처血河漂處

초열지옥의 여섯 번째 소지옥은 혈하표처血河漂處이다. 이곳은 '죄인을 피〔血〕의 강〔河〕에서 표류〔漂〕하게 하여 고통을 주는 소지옥'이다.

이곳은 어떤 죄를 지으면 떨어질까?

'고행하면 모든 죄가 용서된다'고 생각하여 자신의 몸을 해치는 고행을 한 자가 떨어지는 곳이다. 다시 말해 고행주의자가 떨어지는 소지옥이다. 좀 더 구체적으로 말하면, 계율을 파계하고 많은 죄를 지어도 고행하면 모든 죄는 사라지고 오히려 복을 얻는다고 말하거나, 숲에 들어가 자신의 몸에 상처를 내는 등 고행을 하면 천계에 태어난다고 확신하여 실행한 자, 타인에게 이를 강요하여 죽게 한 자가 떨어지는 곳이다.

부처님은 쾌락주의와 고행주의라는 양극단을 배격하였다. 즉 '고락중도'의 실천을 강조하였다. 부처님께서도 처음 사문이 되어 고행 숲에서 극한 고행을 하였듯이, 당시에 많은 수행자들이 고행을 중요한 수행방법이라고 생각하여 실천했다. 그래서 이런 소지옥을 설정한 것 같다. 오늘날에는 고행주의자는 거의 사라졌지만 현재의 삶을 즐기자는 쾌락주의가 세상을 풍미하고 있다. 유추해서 해석해보면 쾌락주의자도 이런 소지옥에 떨어지지 않을까!

이곳에 떨어진 죄인은 어떤 고통을 받을까?

옥졸은 칼·창·돌 등으로 죄인의 온 몸을 자르거나 부수어 뜨겁게 끓어오르는 '붉은' 구리 액이 흐르는 강에 내던져 불태운다. 그래서 붉은 구리 액, 즉 붉은 피가 흐르는 '혈하표 소지옥'이라고 한다. 고통에 시달리다 죄인의 숨이 끊어지면 옥졸은 곧바로 소생시켜 또다시 계속해서 고통을 가한다.

또한 옥졸은 뜨거운 붉은 구리 액이 흐르는 '악수가외惡水可畏'라는 강에 죄인을 내던진다. 이곳에는 접촉하는 순간 전부 태워버리는 '환충丸虫'이라는 독충이 죄인에게 달려들어 먹어버린다. 죄인이 독충에게 먹혀 똥으로 배설되면, 옥졸은 죄인을 소생시켜 또다시 '악수가외'에 던져, 똑같은 고통을 계속해서 가한다.

이곳에서 악업이 다하면 어느 세계로 윤회 전생할까? 이곳의 악업이 다하여도 500년 동안 연기를 먹는 아귀로 살아야 하며, 인간으로 태어나더라도 늘 가난하게 살며, 병치레를 자주한다고 한다.

요골수충처饒骨髓虫處

초열지옥의 일곱 번째 소지옥은 요골수충처이다. 이곳은 '벌레〔虫〕가 죄인의 골수骨髓를 먹는〔饒〕 소지옥'이다.

이곳은 어떤 죄를 지으면 떨어질까?

이곳은 지금보다 나은 세계, 즉 천계에 다시 태어나는 것을 갈구하여 계를 어기고, 여러 악업을 행하고, 소똥〔인도에서는 말린 소똥이 연료이다〕에 불을 붙여 스스로 몸을 태워 죽은 자, 또는 동물이나 곤충을 살해하여 말린 소똥으로 태우면 왕생할 수 있다고 한 자, 그리고 그것을 실행에 옮긴 자가 떨어지는 소지옥이다. 요즈음말로 하면 불로 자살한 자나 동물을 불태워 죽이면 천당에 태어난다고 믿고 실행한 자가 떨어진다.

이곳에 떨어진 죄인은 어떤 형벌을 받을까?

이곳에 죄인이 떨어지면, 우선 옥졸은 쇠망치로 대장장이가 쇳덩어리를 두드려 펴듯이 죄인의 온몸을 수없이 때려서 반죽을 펴놓은 것처럼 만들어버린다. 죄인의 숨이 끊어지면 옥졸은 곧바로 소생시킨다.

또한 옥졸은 죄인의 몸을 커다란 못으로 정수리에서 발바닥까지 박아 고정시키고서 며칠 동안 방치한다. 그러면 썩은 고기를 제일 좋아하는 '습생濕生'이라는 벌레(虫)가 다가와 죄인을 먹어치운다.

그런데 또 다른 고통이 죄인을 기다리고 있다. 이번에는 '기관(機關)'이라는 벌레가 마치 기계처럼 죄인의 몸·살·뼈를 물고 먹어치운다. 또한 그 벌레는 죄인의 몸속으로 들어가 죄인의 골수를 먹는다. 그래서 '요골수충 소지옥'이라고 하는 것이다.

게다가 전생에서 벌레를 불태워 살해했기 때문에, 벌레가 되어 이곳에 떨어진 자들과 함께 섞여 고기밥이 된다. 이런 고통이 반복해서 계속된다.

이곳에서 악업이 다하면 어느 세계로 윤회 전생할까? 이곳의 악업이 다하여도 500년 간 바늘구멍만한 목구멍을 가진 침구아귀로 살아야 하며, 400년 동안 물고기로 살아야 한다. 또한 과거의 조그만 선업 덕분에 인간으로 태어나더라도 살기 어려운 땅에 태어나 힘들게 살며, 결국에는 들판에서 불에 타 죽는다고 한다.

일체인숙처—切人熟處

초열지옥의 여덟 번째 소지옥은 일체인숙처이다. 이곳은 '전생에서 죄인이 알고 지낸 일체의 모든 사람[一切人], 즉 친자·친구·친척·은인 등을 불태우고 삶아[熟], 그 고통의 소리를 듣게하거나 괴로워하는 모습을 보여 주어 죄인을 고통스럽게 하는소지옥'이다.

이곳은 어떤 죄를 지은 자가 떨어질까?

요즈음말로 하면 방화범이 떨어지는 소지옥이다. 좀 더 자세하게 설명하자면, 사교를 믿고서 천계에 다시 태어나기 위해 산림이나 풀숲, 마을 등을 방화한 자가 떨어지는 곳이다. 또한 '불에 굶주린 하늘에 불로 공양하면 천계에 태어날 수 있다. 그러므로 이 세상을 불태워라'고 잘못된 사견을 널리 퍼뜨린 자도떨어진다.

이곳에 떨어진 죄인은 어떤 고통을 받을까?

이곳에 죄인이 떨어지면, 우선 옥졸은 죄인의 온몸을 불태운다. 게다가 옥졸이 죄인의 눈앞에서 가족이나 친구 등 소중한사람들이 불태워지는 것을 보여 주어, 죄인에게 정신적인 고통을 가한다. 이처럼 죄인이 아는 모든 사람[처자식·부모·친척·친구 등]이 불에 타는 고통의 소리를 듣게 하는 괴로움을 주기 때문에 '일체인숙 소지옥'이라고 한다.

특히 이곳은 사견에 빠져 산·풀·마을 등에 불을 질러, 주위의 모든 사람을 위험에 빠뜨리고 고통스럽게 했기 때문에 지금까지의 그 어떤 지옥보다 격렬한 불로 태워, 전생에서 죄인의 어리석은 행동을 벌한다.

이곳에서 악업이 다하면 어느 세계로 윤회 전생할까? 이곳의 악업이 다하여도 300년 동안 남이 버린 음식만 먹고 사는 아귀로 태어난다. 또한 전생의 조그만 선업 덕분에 인간으로 태어나더라도 처자식 없이 살아야 하며, 단명한다고 한다.

무종몰입처無終没入處

초열지옥의 아홉 번째 소지옥은 무종몰입처이다. 이곳은 '불타는 철산에 죄인을 빠뜨려〔没入〕 끊임없이〔無終〕 고통을 주는 소지옥〔處〕'이다.

어떤 죄를 지으면 이곳에 떨어질까?

사견에 빠져 부처님의 가르침인 윤회전생·제행무상·인과응보 등을 부정하고, '동물과 인간을 태워 죽인 것은 부처를 기쁘게 한다. 그 이유로 행복을 얻을 수 있다'고 생각하여 실행한 자가 떨어지는 소지옥이다.

또는 사견에 빠져 벌레·개미·뱀·사슴·말 등을 불속에 던져 태우면 불이 크게 기뻐하여 커다란 복을 얻을 수 있다고 생각하여, 그것을 실행한 자가 떨어지는 곳이다. 게다가 태워진 동물이나 인간은 최고의 신이자 창조자인 대자재천이 만든 세계에 태어나며, 복을 받을 수 있다는 사견을 믿고서 실행한 자도 떨어지는 곳이다.

이곳에 떨어진 죄인은 어떤 형벌을 받을까?

옥졸은 죄인을 불타오르는 거대한 철산에 오르게 하고서 손·발·머리·허리·눈·뇌 등을 잘라서, 전생에서 죄인이 벌레·개미·말·사슴을 불에 던져 태워서 살해한 것과 똑같이 죄인을 불태운다. 그래서 이곳을 '불타는 철산에 죄인을 빠뜨려〔没入〕 끊임없이〔無終〕 고통을 주는 소지옥'이라고 하는 것이다.

또한 옥졸은 도망가려는 죄인을 붙잡아 "왜 자신이 지옥에 떨어질 수밖에 없었는가! 자신의 죄가 무엇인지 전혀 이해하지 못하고 있구나."라고 훈계하고서 죄인의 몸을 눌러 꼼짝 못하게 하고서, 다리·허벅지·허리·배·머리·목덜미·손·발·귀·눈을 차례대로 불태운다.

죄인이 살려달라고 애원하면 옥졸은 "울부짖지 말라. 오히려 기뻐해라. 원망하려면 나를 원망하지 말고 너 자신을 원망해라."고 호통치며, 죄인을 더욱 격렬하게 불태운다. 이런 고통에 시달리다 죄인의 숨이 끊어지면 옥졸은 곧바로 소생시켜 계속해서 불태운다.

이곳에서 악업이 다하면 어느 세계로 윤회 전생할까? 전생의 조그만 선업으로 재생하더라도 식분아귀食糞餓鬼, 즉 대변을 먹는 아귀로 태어난다고 한다. 식분아귀는 전생에서 탐욕과 질투심이 많아 타인에게 인색하여 보시를 하지 않거나 보시를 하더라도 부정한 음식을 출가자에게 준 자이다. 이런 아귀는 500년 동안 굶주림과 갈증에 시달리며, 분뇨의 연못에서 구더기와 분뇨를 먹지만, 그것조차 만족하게 먹을 수 없다. 다시 태어나도 인간이 될 가능성이 거의 없다고 한다.

대발특마처大鉢特摩處

초열지옥의 열 번째 소지옥은 대발특마처이다. 중합지옥의 열네 번째 소지옥인 대발두마처와 구별하기 위해 '대발특마처'라고 명명한다. 그렇지만 '대발특마처'라고 하면 의미가 통하지 않는다. 그러므로 '대발두마처'로 해석하는 것이 적절할 것 같다.

'대발두마처'는 두 가지 의미로 해석 가능하다. 첫째는 죄인을 크고(大, mahā) 긴 가시가 박혀 있는 붉은 연꽃(鉢頭摩, padma)이 피어 있는 연못 속에 떨어뜨려 죄인의 전신을 쇠 가시로 찔러 고통을 주는 소지옥이라고 할 수 있다. 왜냐하면 대발두마(mahāpadma)에서 '대(大)'란 범어 '마하(mahā)'의 번역이고, 발두마란 '파드마(padma)'의 음사로, 붉은 연꽃(紅蓮)이라는 뜻이기 때문이다. 두 번째는 발두마를 글자대로 해석한 것이다. 즉 머리(頭)에 쇠 가시가 박혀 있는 바리때(鉢)를 씌워 문질러서 맞춘다는 의미이다. 즉 머리에 바리때를 문질러서 맞추면, 엄청나게 고통스럽기 때문에 대발두마라고 하는 것이다. 필자의 생각으로는 후자로 해석하는 것이 적절할 것 같다.

이곳은 어떤 죄를 지으면 떨어질까?

사견에 빠져 '출가자에게 식사를 제공하는 커다란 재(大齋)를 하는 중에 살인을 하면 소망이 이루어진다'고 생각하여 실행한 자가 떨어지는 소지옥이다. 간단하게 말하자면 사견에 빠져 열심히 수행하는 출가자를 죽인 자가 떨어지는 곳이다.

이곳에 떨어진 죄인은 어떤 형벌을 받을까?

옥졸은 머리(頭)에 날카로운 쇠 가시가 붙은 커다랗고(大) 무거운 바리때(鉢)를 씌워 고통을 가한다. 그래서 '대발두마 소지옥'이라고 한다. 쇠 가시는 예리하고 길기 때문에 죄인의 뇌를 관통한다. 엄청난 고통이 죄인을 엄습한다. 이런 고통에 시달리다 죄인의 숨이 끊어지면 또다시 뜨거운 불꽃으로 죄인의 온몸을 불태운다. 이런 고통이 반복해서 계속된다.

이곳에서 악업이 다하면 어느 세계로 윤회 전생할까? 이곳에서 벗어나더라도 남의 똥오줌만을 먹는 식분아귀로 200년, 축생으로 500년 동안 살아야 한다. 인간으로 태어나더라도 언제나 곤궁하게 살며, 또한 타인의 노예로 살아야 한다고 한다.

악험안처惡險岸處

초열지옥의 열한 번째 소지옥은 악험안처이다. 이곳은 '엄청나게 높고 험한(惡險) 절벽(岸)에 오르게 하여 고통을 주는 소지옥'이다.

이곳에는 어떤 죄를 지은 자가 떨어질까?

물이 들어가 죽은 자는 일체의 죄가 소멸하여 나라연천(那羅延天, nārāyaṇa-deva, 인도 신화에서는 비슈누 신) 또는 팔비八臂세계〔여덟 개의 팔을 가진 신(弁財天)이 사는 세계〕에 전생하여 영원히 그 세계에 살 수 있다'고 말하고 실행한 자, 또는 주변 사람에게 익사하기를 권유한 자가 떨어지는 곳이다. 즉 물에서 자살하거나 그것을 권유한 자가 떨어지는 지옥이다.

이곳에 떨어진 죄인은 어떤 형벌을 받을까?

이곳은 높이가 천 유순이나 되고 예리하게 깎인 높고 높은 산이 있는데, 이곳은 너무나 높아서 새조차도 날아서 넘을 수 없을 정도로 아주 험악한 곳이다. 그래서 '악험안 소지옥'이라고 한다. 이 산은 너무나 높고 험악하기 때문에 기어 올라가는 것을 망설이는 죄인에게 옥졸은 "너희들은 갈 수 있다. 이 산을 넘으면 지옥은 없다. 만일 이 산을 넘으면 안락을 얻는다."라고 격려한다. 옥졸의 말을 듣고서 죄인은 필사적으로 달려서 그 산에 도착하지만, 그곳은 모든 곳이 불타고 있어 죄인을 불태워버린다. 이런 고통에 시달리다 죄인의 숨이 끊어지면 소생시켜 또다시 불태운다. 이런 고통을 반복해서 가한다.

이곳에서 악업이 다하면 어느 세계로 윤회 전생할까? 이곳에서의 형벌이 끝나도 300년 동안 식혈아귀食血餓鬼로 살아야 한다. 또한 식혈아귀에서 벗어나면 300년 동안 축생으로 살아야 한다. 사족을 붙이자면 식혈아귀는 전생에서 육식을 즐겨 살생을 하고서, 처자에게는 나누어 주지 않은 자이다. 그 죄업으로 이들은 생물에서 나온 피(血)만 먹을 수 있다(食). 또한 인간으로 태어나더라도 가난하게 살며, 전쟁 중인 나라에 태어나 언제나 두려움에 떨며 살아야 한다.

금강골처金剛骨處

초열지옥의 열두 번째 소지옥은 금강골처이다. 이곳은 '금강金剛과 같이 단단하게 된 죄인의 뼈(骨)를 가루로 만들어 고통을 주는 소지옥(處)'이다.

이곳에는 어떤 죄를 지으면 떨어질까?

사견에 빠져, 이 세상에 존재하는 모든 존재(생물이든 무생물이든)는 인연과는 관계없이 생기거나 멸하기 때문에 불법을 믿는 것은 바보스러운 짓이라고 말한 자, 그리고 주위 사람에게 권유한 자가 떨어지는 곳이다. 예를 들자면 가시나무의 가시가 순식간에 시들어 떨어지고, 공작새의 화려한 깃털이 변하고, 신기루나 건달바성이 인연 없이 존재하고 인연 없이 사라지는 것처럼, 모든 존재는 이와 같다는 것이다. 다시 말해 부처님의 가르침인 제행무상, 연기법을 부정하고 모든 것은 운명에 맡기고 재미있게 그때그때를 즐기면서 살자는 주장이다. 즉 이 세상은 죽으면 끝이라는 단멸론자가 떨어지는 곳이다.

이곳에 떨어진 죄인은 어떤 고통을 받는가?

우선 옥졸은 날카로운 칼로 죄인의 살을 도려내어 뼈만 남게 한다. 그 뼈는 금강처럼 단단하게 굳어버린다. 그러면 전생에서 죄인에게 속은 자들이 나타나 그 뼈를 손에 넣으려고 서로 다툰다. 그리고 그 뼈를 습득한 자는 지면에 내리쳐 가루로 만들어버린다. 그래서 '금강골 소지옥'이라고 한다. 그것을 보고 있던 옥졸은 곧바로 죄인을 소생시켜 또다시 이전과 똑같이 고통을 가한다.

이곳에서 악업이 다하면 어느 세계로 윤회 전생할까? 이곳의 악업이 다하면 500년 동안 자기의 뇌를 먹는 아귀로 태어나며, 아귀에서 벗어나면 축생으로 살며, 인간으로 태어나더라도 살기 힘든 척박한 땅에 태어나 언제나 가난하게 살며, 일생을 남의 노예로 산다고 한다.

흑철승표도해수고처黑鐵繩剽刀解受苦處

초열지옥의 열세 번째 소지옥은 흑철승표도해수고처이다. 이
곳은 '죄인을 흑철黑鐵로 된 밧줄(繩)로 묶어 날카로운(剽) 칼
(刀)로 잘라 분해(解)하는 고통(苦)을 주는 소지옥'이다.

이곳은 어떤 죄를 지은 자가 떨어지는가?

'인간의 선이나 악 등은 모두 운명에 의해 정해져 있어 바꿀
수 없다. 그러므로 열심히 노력해도 무의미하다'고 말한 자, 그
리고 주위 사람에게 권유하고 퍼뜨린 자가 떨어지는 소지옥이
다. 다시 말해 일체의 행복과 불행은 운명이기 때문에 노력으로
바꿀 수 없다는 사견을 말한 자와 권유한 자가 떨어진다. 즉 운
명론자가 떨어진다.

여기서 사족을 붙이겠다. 불교에서 '선과 악'은 각각 10종류
이다. 먼저 십악이란 신구의身口意의 삼업에 의한 10가지의 죄
악, 즉 살생·도둑질·사음·망어·기어(꾸며 되는 말)·악구(남을
험담하는 말)·양설(이간질)·탐욕·진에(분노)·사견이다. 반대로
십선이란 불살생·불투도·불사음·불망어·불양설·불악구·불
기어·불탐욕·불진에·불사견을 말한다. 이곳은 이런 '십선'과
'십악'을 부정하는 자가 떨어진다는 것이다.

이곳에 떨어진 죄인은 어떤 형벌을 받을까?

옥졸은 쇠 가시가 붙은 검은 쇠사슬로 죄인을 묶어서 뜨거운

불을 뿜어내는 날카로운 칼로 죄인의 정수리부터 발끝까지를 겨자 가루가 될 정도로 잘게 자른다. 이처럼 옥졸이 죄인의 몸을 흑철黑鐵로 된 밧줄(繩)로 묶어 발에서 머리까지 날카로운 칼(刀)로 잘라 해체하여(解) 고통(苦)을 주기(受) 때문에 '흑철승표도해수고 소지옥'이라고 한다. 이런 고통에 시달리다 죄인의 숨이 끊어지면 옥졸은 소생시켜 또다시 처음과 똑같은 고통을 가한다.

이곳에서 악업이 다하면 어느 세계로 윤회 전생할까? 이곳에서 악업이 다하여도 500년 동안 사람들이 버린 용기에 담긴 썩은 물만 마실 수 있는 아귀로 태어난다고 한다. 전생의 조그만 선업 덕분에 인간으로 태어나더라도 늘 굶주림에 시달린다고 한다.

나가충주악화수고처那迦虫柱惡火受苦處

초열지옥의 열네 번째 소지옥은 나가충주악화수고처이다. 이곳은 '철주鐵柱와 같은 길고 커다란 바늘로 죄인의 몸을 찔러 고정시켜 나가(那迦)라는 벌레(虫)에게 먹히게 하고 뜨거운 불(惡火)로 태우는 고통(苦)을 받게(受) 하는 소지옥(處)'이다.

이곳은 어떤 죄를 지으면 떨어질까?

사견에 빠져 '이 세계는 이승도 저승도 존재하지 않는다'고 말한 자가 떨어지는 곳이다.

이곳에 떨어진 죄인은 어떤 형벌을 받을까?

전생에서 죄인은 사견에 빠져 '세계는 영원하다'고 부처님의 가르침과 정반대되는 것을 퍼뜨린 자이다. 그래서 이곳에 죄인이 떨어지면 길고 커다란 바늘로 죄인의 머리를 관통시켜 그대로 땅에 박는다. 왜냐하면 죄인은 전생에서 모든 것은 영원하면 변하지 않는다고 퍼뜨린 자이기 때문에 머리에서 곧바로 바늘을 찔러서 지면에 움직이지 못하게 고정하는 것이다. 죄인은 땅에 꽂힌 채로 뜨거운 불꽃에 태워진다.

그 후에 '나가那迦'라는 벌레(虫)가 죄인의 몸에 달라붙어 살·지방·근육뿐만 아니라 간장·위장·심장도 먹고, 그리고 뇌도 먹으며 피와 골수까지 빨아먹는다. 게다가 타인을 유혹하는 데 사용한 혀를 불태워 개에게 던져준다. 그래서 '나가충주악화수고 소지옥'이라고 한다. 고통에 시달리다 죄인의 숨이 끊어지면 옥졸은 곧바로 소생시켜 또다시 처음과 똑같은 고통을 계속해서 가한다.

이곳에서 악업이 다하면 어느 세계로 윤회 전생할까? 이곳에서 악업이 다하여도 남의 똥오줌을 먹는 식분아귀로 태어나 매일 화장실에 숨어들어 대변을 찾아 먹고 오줌을 마시는 한심스러운 자가 된다고 한다.

암화풍처闇火風處

초열지옥의 열다섯 번째 소지옥은 암화풍처이다. 문헌에 설명이 없어 정확한 의미를 알 수 없지만, 이곳은 '죄인을 어둠〔闇〕속에 던져 넣어 열풍〔火風〕으로 고통을 주는 소지옥'이라고 추측할 수 있다.

이곳에는 어떤 죄인이 떨어질까?

죄인은 전생에서 "세상에는 상주하는 것도 있으며, 무상한 것도 있다. 우리의 몸은 무상하지만 사대四大는 상주한다."라고 사견을 주장한 자, 즉 부처님의 가르침인 제행무상을 부정한 자가 떨어지는 곳이다. 다시 말하면 '세상에 존재하는 것은 무상한 것〔제행무상, 일체개공〕이 아니라 불변하는 것이다'라고 말한 자가 떨어지는 소지옥이다. 그리고 사견에 빠져 이런 사악한 가르침을 퍼뜨린 자도 떨어지는 곳이다.

이곳에 떨어진 죄인은 어떤 형벌을 받을까?

이곳은 암흑의 소지옥이다. 게다가 이곳은 엄청나게 뜨거운 바람〔火風〕이 회오리처럼 불어 죄인을 날려 바람의 소용돌이 속에서 계속 돌게 한다. 그리고 바람에 의해 죄인의 몸이 깨어져 모래처럼 되게 한다. 왜냐하면 '세계는 상주한다'는 잘못된 견해나 사고방식을 부수기 위해서이다. 이런 고통에 시달리다 죄인의 숨이 끊어지면 옥졸은 소생시켜 반복해서 고통을 가한다.

이곳에서 악업이 다하면 어느 세계로 윤회 전생할까? 전생의 조그만 선업으로 아귀로 태어나지만, 500년 동안 식토아귀食吐 餓鬼로 살아야 한다. 식토는 '먹을 식食', '토할 토吐' 자로, 식토 아귀란 남이 토한 음식을 먹는 아귀라는 뜻이다. 게다가 식토아 귀는 광야에서 살고 있으며, 이름 그대로 먹어도 반드시 토해 버린다. 식토아귀는 신장이 4km로 매우 크지만 목구멍을 바늘 구멍만하기 때문에 늘 굶주림에 시달린다. 왜 식토아귀가 되었 을까? 전생에 자신만 맛있는 음식을 먹고 처자식에게는 음식을 주지 않은 남편, 또는 남편이나 자식에게 음식을 주지 않은 아 내가 죽어서 식토아귀가 된다고 한다.

금강취봉처金剛嘴蜂處

초열지옥의 열여섯 번째 소지옥은 금강취봉처이다. 이곳은 '금 강金剛과 같은 침[嘴]을 가진 벌[蜂]이 죄인을 끊임없이 쏘아 고 통을 주는 소지옥[處]'이다.

이곳에는 어떤 죄를 지은 자가 떨어지는가?

이곳은 '세계는 최초에 인연으로 생겼지만, 상주하는 것과 무 상한 것이 있다'라고 하여 '제행무상, 제법개공'을 부정하고, 퍼 뜨린 자가 떨어지는 지옥이다. 즉 무상과 상주는 인연이 결정한 다고 생각하는 자가 떨어진다. 그리고 '상주하는 것[常法]은 원인도 없으며, 부동하며, 만들어진 것도 아니다. 마치 허공과 같은 것이다'라고 하여 부처님의 바른 가르침인 정법正法을 퇴실退失시키고, 사법邪法과 사견邪見으로 타인을 유혹한 자도 떨어지는 소지옥이다.

이곳에 떨어진 죄인은 어떤 형벌을 받을까?

우선 옥졸은 아주 가느다란 족집게로 살과 함께 모근을 뽑는다. 그리고 털과 함께 뽑은 살을 소금에 절여서 죄인에게 강제로 먹게 한다. 소금은 사바세계의 소금보다 백 배 내지 천 배 짜기 때문에 죄인은 엄청난 갈증에 시달린다.

죄인은 고통과 갈증에 울부짖지만, 옥졸은 계속해서 더욱더 고통을 가한다. 또한 이곳에는 도처에 예리하고 단단한 침과 독을 가진 벌이 있어, 죄인의 온몸을 차례차례 쏜다. 이처럼 금강과 같이 단단한 침을 가진 벌이 죄인을 끊임없이 쏘아 고통을 주기 때문에 '금강취봉 소지옥'이라고 한다. 이 벌에 쏘이면 독이 퍼져 피를 뿜어낸다. 옥졸은 죄인을 눌러서 "목이 마르면 이 피를 마셔."라고 입에 부어넣는다. 돌아다니면서 사견을 퍼뜨렸기 때문에 죄인의 피는 소금의 몇 천 배 몇 만 배보다도 짜다. 이것을 혀 위에 한 방울만 떨어뜨려도 입과 목은 엄청난 갈증으로 고통을 받게 된다. 아무튼 이곳은 갈증의 고통으로 죄인을 괴롭히는 소지옥이다.

이곳에서 악업이 다하면 어느 세계로 윤회 전생할까? 전생의 조그만 선업으로 아귀로 태어나지만, 400년 동안 더러운 음식만을 먹는 부정항맥아귀不淨巷陌餓鬼로 살아야 한다. 부정항맥아귀는 전생에서 수행자에게 부정한 음식을 준 자이다. 그래서 이들은 부정不淨한 곳에 살며 동네 어귀에 있는 구토한 음식을 먹고 산다.

이것으로 사견의 죄를 묻는 초열지옥과 그에 부수하는 소지옥에 대한 설명은 마치고, 계속해서 사음한 수행자가 떨어지는 대초열지옥에 대해 살펴보자.

7 대초열지옥

비구니나 여성재가신자를 범한 자가 떨어진다

팔열지옥의 일곱 번째는 대초열지옥大焦熱地獄 또는 극열지옥(極熱地獄, pratāpana-naraka)이다. 죄인들의 사지 마디를 모두 맹렬한 불길로 태우고, 서로가 서로를 태워 해치며, 지극히 뜨거운 곳이기 때문에 대초열지옥 또는 극열지옥이라고 한다.

이곳은 어디에 위치하는가? 초열지옥 밑에 위치한다. 크기와 형벌기간은 어느 정도인가? 그 크기는 초열지옥과 동일하며, 형벌기간은 초열지옥의 10배이다. 대초열지옥의 형기는 중겁中劫이다. 겁이란 사방 10km나 되는 거대한 돌을 1년에 한 번 천녀가 내려와 부드러운 비단옷으로 쓸어서 닳아 없어지는 시간을 의미한다. 따라서 중겁이란 '겁보다 긴 시간'으로, 숫자로 헤아릴 수 없다는 상징적인 표현이다.

이곳은 어떤 죄를 지은 자가 떨어지는가?

이곳은 살생, 도둑질, 사음, 음주, 거짓말, 사견과 더불어 계율을 잘 지키고 있는 여성신자 또는 비구니를 범한 출가자가 떨어지는 대지옥이다. 성범죄는 여자에 비해 남자가 범하는 경우가 많기 때문에 주로 비구, 남성재가자가 대초열지옥에 떨어질 확률이 높다.

좀 더 구체적으로 설명하자면, 이곳은 청정하게 계를 지키고, 오로지 부처님의 가르침을 실천하고, 지금까지 한 번도 음행을 하지 않은 정숙한 여성이나 비구니를 유혹하거나 범한 자 또는 비구가 떨어진다. 간단하게 정리하자면 성실하게 수행하는 여성신자나 비구니를 범한 자가 떨어진다.

또한 "부처는 일체지지—切智者가 아니다. 하물며 제자인 비구니 중에 청정한 자가 있겠는가? 이 모든 것은 거짓말〔妄語〕이고 만들어낸 허구〔虛誑〕이다. 이런 자에게 보시를 해도 복덕은 생기지 않으며, 열반도 얻을 수 없다. 범부와 어울리고, 비구니의 계를 훼손하여도 죄가 되지 않는다."라고 하여 부처님을 능욕하고, 부처님의 가르침을 부정한 자도 이곳에 떨어진다. 당시 인도에서 여성의 지위는 낮았다. 그래서 이런 얼빠진 생각을 가진 비구들이 있었을 것이다.

이곳에 떨어진 죄인은 어떤 형벌을 받는가?

우선 이곳에서는 대초열지옥이라는 이름대로 극열한 불로 죄인을 불태운다. 더불어 다른 죄인들의 괴로워하는 신음소리, 아우성, 울부짖는 소리를 들려주거나 보여주기도 한다. 그렇게 하

여 죄인에게 더욱더 공포를 느끼게 한다.

구체적으로 어떤 벌을 받을까? 이런 죄를 범한 출가자에게는 옥졸이 뜨겁게 달군 예리한 칼로 죄인의 피부를 벗기거나 나체로 태우거나 또는 달군 쇳물을 전신에 뿌려 고통을 준다.

이 지옥에도 16개의 소지옥이 있다. 구체적으로 살펴보자.

일체방초열처一切方焦熱處

대초열지옥의 첫 번째 소지옥은 일체방초열처이다. 이곳은 '온 사방(一切方)이 빈틈없이 뜨거운 불길(焦熱)로 가득 차 있어, 죄 인들을 항상 불태워 고통을 주는 소지옥'이다.

이곳에는 어떤 죄를 지은 자가 떨어질까?

청정하게 수행하고 하는 여성재가신자를 유혹한 자가 떨어진다. 좀 더 자세하게 설명하자면, 삼보[불법승]에 귀의하여 오계를 지키며 열심히 수행하고 있는 우바이, 즉 재가여성신자를 유혹하여 범한 자[비구]가 떨어진다.

이곳에 떨어진 죄인은 어떤 형벌을 받을까?

이곳은 조금의 간격도 없이, 다시 말해 허공이 다 타서 바늘구멍만큼도 타지 않는 곳이 없을 정도로 활활 불타고 있다. 그 불로 죄인을 불태워 고통을 주는 소지옥이다. 그래서 '일체방초열 소지옥'이라고 한다.

이곳에 죄인이 떨어지면, 우선 옥졸은 뜨거운 쇠줄로 죄인을 다리에서 머리까지 마치 두루마리처럼 감아서 묶는다. 그리고 죄인을 거꾸로 매달아 피가 머리로 몰리면, 옥졸은 달구어진 대못을 머리에 박아 턱밑으로 나오게 하여 고통을 가한다. 이런 고통에 시달리다 죄인의 숨이 끊어지면 또다시 소생시켜 끝없이 고통을 가한다.

또는 죄인을 쇠줄로 묶어서 거꾸로 매달아 활활 타고 있는 불속에 넣어 눈, 머리, 목, 심장 등을 차례로 불태운다. 그리고 남근을 쇠 집게로 뽑아 쇠망치로 두들겨 평평하게 펴서 불태운다. 그런 후에 다리, 발가락까지 불태워 고통을 가한다.

또는 불타고 있는 철판 위에 죄인을 올려놓고 움직이지 못하게 대못으로 박는다. 그리고 쇠갈고리로 죄인의 남근을 자르고 고환을 짓눌러서 불태운다. 죄인이 살려달라고 애원하면, 옥졸은 "너는 성실하게 수행하는 여성을 범하지 않았는가. 그 여성이 받은 고통에 비하면 아무것도 아니다."라고 질책하고서, 구리 액과 백랍 액이 격렬하게 불꽃을 피우면서 흐르는 '가외바可畏波'라는 강에 끌고 가서 죄인에게 구리 액과 백랍 액을 쇠 바리때로 떠서 강제로 마시게 하여 내장을 전부 불태운다. 죄인의 온몸이 불태워져 숨이 끊어지면 소생시켜 처음과 똑같이 고통을 가한다.

이곳에서 악업이 다하면 어느 세계로 윤회 전생할까? 이곳의 악업이 다하여 아귀로 태어나더라도 천 년 동안 굶주림과 목마름에 시달리며, 축생으로 태어나더라도 서로 잡아먹는 고통에 시달린다. 또한 전생의 조그만 선업 덕분에 인간으로 태어나더라도 항상 남에게 괴롭힘을 당하고, 오래 살지 못한다고 한다.

대신악후가외지처大身惡吼可畏之處

대초열지옥의 두 번째 소지옥은 대신악후가외지처이다. 이곳은 '죄인의 몸을 두들겨 패서 몸을 크게[大身] 늘려서 고통에 울부짖게[惡吼] 하고 두렵게 하는[可畏] 소지옥[處]'이다.

이곳에는 어떤 죄를 지으면 떨어질까? 출가는 했지만 아직 구족계를 받지 않아 정식 스님이 되지 않은 사미니를 범한 비구가 떨어지는 소지옥이다.

이곳에 떨어진 죄인은 어떤 형벌을 받을까?

우선 옥졸은 죄인의 몸을 쇠망치로 두들겨 패서 1유순〔14km〕 크기로 늘린다. 그리고 옥졸은 늘어난 죄인의 몸에서 족집게 가위로 살점과 함께 털을 하나씩 하나씩 뽑아 고통을 가한다. 그러면 죄인은 두렵고 너무나 고통스러워 울부짖는다. 그래서 '대신악후가외지 소지옥'이라고 한다.

죄인이 살려달라고 애원하면, 옥졸은 "너희들은 호색의 욕망 때문에 달콤하고 속이는 말을 내뱉고, 달콤한 말을 듣고서 음란한 욕망이 점점 심해졌다. 음욕한 말은 달콤하고, 자신을 어리석게 하는 것일 뿐만 아니라 타인을 속이는 것이다. 음욕의 말은 칼보다 날카로운 칼날이고 스스로 몸을 찢고 혀를 찢는 것이다. 음욕은 즐거운 것처럼 보이지만 악행이고, 지옥으로 안내하는 길이라는 것을 알 것이다. 그러나 너희들은 이것을 무시했다. 그래서 지금 고통을 받고 있다. 울지 말라. 아우성치지 말라. 고통을 받는 이유는 너희가 가장 잘 알 것이다. 원망하려면 너 자신을 원망하라고 꾸짖는다. 게다가 악업을 행하여 고통을 받는 것은 당연한 것이며, 고통을 받고 싶지 않으면 욕망에서 벗어나라고 몇 번이나 가르쳐주었다."(앞의 책, 山本健治)라고 호통친다. 또한 죄인의 숨이 끊어지면 옥졸은 소생시켜 끝없이 고통을 가한다.

이곳에서 악업이 다하면 어느 세계로 윤회 전생할까? 지옥의 악업이 다하더라도 축생으로 태어나 고통을 당하며, 인간으로 태어나더라도 성불구자로 태어나며, 목숨이 짧고 빈궁하게 산다고 한다.

화계처火髻處

대초열지옥의 세 번째 소지옥은 화계처이다. 이곳은 '죄인의 항문에 '입에서는 불을 뿜어내고(火) 몸은 머리카락(髻)처럼 가늘고 긴 사계似髻라는 벌레를 집어넣어 고통을 가하는 소지옥(處)'이다.

이곳에는 어떤 죄를 지으면 떨어질까?

행실이 바른 정숙한 여성을 범한 자가 떨어지는 소지옥이다. 참고로, 앞서 첫 번째 소지옥인 '일체방초열처'는 재가여성신자(우바이)를 범하면 떨어지는 지옥이고, 여기 '화계처'는 일반 여성을 범한 자가 떨어지는 지옥이다.

이곳에 떨어진 죄인은 어떤 형벌을 받을까?

우선 옥졸은 죄인을 붙잡아 손발을 묶고, 뜨거운 쇠갈고리로 매달아 고통을 가한다. 그리고 검붉게 타오르는 철판 위에 놓고서 머리카락을 시작으로 온몸을 차례로 불태운다. 죄인이 두려움과 고통으로 살려달라고 애원하지만, 옥졸은 죄인의 항문에 활시위처럼 길쭉한 몸과 날카로운 송곳니를 가지고 불과 독을 뿜어내고 있는 '사계似髻'라는 벌레〔蟲〕를 집어넣는다. '사계충'은 '몸체가 머리카락처럼 가늘고 긴 벌레'이기 때문에 이런 명칭이 붙은 것 같다. 아무튼 항문으로 들어간 사계충은 죄인의 내장, 뇌, 살 등을 차례로 먹고서 밖으로 나온다. 그리고 마지막에 남은 죄인의 남근과 고환에 맹독을 끊임없이 쏜다. 그리고 불로 구워서 죄인에게 강제로 먹게 한다.

또 다른 형벌이 죄인을 기다리고 있다. 거대하고 맹독을 가진 뱀들이 한꺼번에 죄인에게 달려든다. 죄인은 필사적으로 도망가지만 곧 뱀에게 붙잡힌다. 그 뱀들은 죄인의 온몸을 두루 감고는 매우 날카롭고 맹독이 묻어 있는 어금니로 죄인을 물어 고통을 가한다.

또한 죄인은 세 가지 불에 탄다. 첫째는 굶주림과 갈증의 불, 둘째는 뱀독의 불, 셋째는 지옥의 불이다. 각각 수백 수천 년 불태운다. 악업이 다 사라지지 않는 한, 그 고통은 끝없이 계속된다.

이곳에서 악업이 다하면 어느 세계로 윤회 전생할까? 이곳에서 악업이 다하면 천 년 동안 아귀로 태어나 굶주림과 갈증으로 고통 받으며, 축생으로 태어나더라도 태어날 때마다 항상 남에게 살해당하고 먹힌다고 한다. 전생의 조그만 선업 덕분에 인간으로 아주 어렵게 태어나더라도 성불구자로 태어난다고 한다.

우사화처雨沙火處

대초열지옥의 네 번째 소지옥은 우사화처이다. 이곳은 '뜨거운 모래(沙火)가 비(雨)처럼 내려 죄인에게 고통을 주는 소지옥(處)'이다.

이곳에는 어떤 죄를 지으면 떨어질까?

이곳은 불문에 갓 들어온 비구니(사미니)를 범한 자가 떨어지는 소지옥이다. 좀 더 자세하게 설명하자면, 다른 수행자에게 모범이 될 만큼 성실하고 철저하게 정진 수행하는 사미니를 상습적으로 범하고, 그것을 계속해서 즐긴 비구가 떨어지는 곳이다. 앞의 두 번째 소지옥인 '대신악후가외지처'는 사미니를 범한 자가 떨어지지만 '우사화처'는 사미니를 상습적으로 성폭행하고 그것을 즐긴 자가 떨어지는 곳이다.

이곳에 떨어지면 어떤 형벌을 받을까?

이곳은 도처에 500유순(7,000km)이나 되는 커다란 불꽃이 끊임없이 타고 있다. 그리고 삼각형 모양의 뜨겁고 금강과 같이 단단한 모래가 흐르는 강이 있는데, 멀리서 보면 깨끗한 물처럼 보인다. 이곳에 죄인이 떨어지면, 옥졸은 죄인을 붙잡아 뜨겁고 단단한 모래가 흐르는 강에 내던진다. 이 강은 표면이 예리하고 날카로운 칼날처럼 생긴 금강모래가 물처럼 흘러가고 있어, 그것에 닿을 때마다 죄인의 살, 피부, 뼈 등을 잘라서 가루로 만들어버린다. 죄인의 숨이 끊어지면 옥졸은 곧바로 소생시킨다.

또는 뜨겁고 금강과 같이 단단한 모래비가 쏟아져 죄인의 온몸을 불태운다. 그래서 '우사화 소지옥'이라고 한다. 이런 고통에 시달리다 죄인의 숨이 끊어지면 옥졸은 곧바로 소생시켜 또다시 끝없이 고통을 가한다.

이곳에서 악업이 다하면 어느 세계로 윤회 전생할까? 이곳에서의 악업이 다하여도 천 년 동안 아귀와 축생으로 살아야 한다고 한다.

내열비처內熱沸處

대초열지옥의 다섯 번째 소지옥은 내열비처이다. 이곳은 '뜨겁게 끓고〔熱沸〕 있는 화산의 내부〔內〕에 죄인을 넣어 고통을 주는 소지옥〔處〕'이다.

이곳에는 어떤 죄를 지은 자가 떨어질까?

오계를 지키고 있는 우바이〔재가여성신자〕에게 접근하여 강제로 비법을 행하고, 그 수행을 더럽히고, 계를 파계시키면서 "계를 파계해도 죄는 아니다."라고 사악한 거짓말을 퍼뜨린 자가 떨어지는 곳이다.

이곳에는 5개의 화산火山이 있는데, 그 내부는 뜨겁게 불타고 있다. 5개의 산이란 보소산(普燒山, 두루 불타는 산), 극심무저산

(極深無底山, 깊어서 끝이 보이지 않는 화산구를 가진 산), 암화취촉산 (闇火聚觸山, 어둠의 불이 모인 산), 할절산(割截山, 폭발로 지면이 쪼개진 산), 업증산(業證山, 업의 증거가 있는 산)이다. 망자는 5개의 산에서 각각 고통을 받는데, 하나하나의 산에는 엄청난 고통이 기다리고 있다.

첫 번째는 '보소산'이다. 두루 불태우는 이름대로 끊임없이 죄인을 불태운다.

두 번째는 '극심무저산'이다. 이곳은 깊고 깊어서 끝이 보이지 않는 분화구를 가진 산이다. 이곳은 활화산으로 끊임없이 운석이 위에서 떨어지고, 부글부글 끓는 용암이 가득하다. 죄인은 밑이 없고 갈라진 틈으로 빨려 들어가 불태워진다. 죄인의 숨이 끊어지면 소생시켜 또다시 처음과 똑같이 태워진다. 이 산은 마치 출구 없는 개밋둑〔개미총〕과 같아서 도저히 빠져나올 수 없는 곳이다. 이곳에 죄인을 가두어 찌고 불태운다. 죄인의 숨이 끊어지면 다시 소생시켜 계속해서 고통을 준다.

세 번째는 '암화취촉산'이다. 이곳은 이름 그대로 불꽃이 보이지 않는 불, 즉 암화가 불타고 있다. 이 산으로 쫓겨 간 죄인은 열로 고통 받고 질식사한다. 죄인의 숨이 끊어지면 다시 소생시켜 계속해서 고통을 준다.

네 번째는 '할절산'이다. 이름대로 산의 갈라진 틈에 죄인을 끼워져 고통을 가한다. 그 전에 불타는 쇠톱으로 우선 죄인의 남근을 자른다. 잘리면 곧바로 소생시켜 또다시 자른다. 그 후에 온몸을 자른다.

다섯 번째는 '업증산'이다. 이곳에 죄인을 몰아넣어 옥졸은 "네가 지은 업 그대로 과보를 받는 것이다. 너의 게으름과 욕망으로 지금 여기에 떨어져 그 대가를 받는다."라고 질책하면서 업의 불꽃으로 불태운다.

이곳에서 악업이 다하면 어떤 세계로 윤회 전생하는지에 대해서는 경전에 언급이 없어 생략한다.

타타타제처吒吒吒嚌處

대초열지옥의 여섯 번째 소지옥은 타타타제처이다. '타타타제'의 의미를 정확하게 알 수가 없지만, 글자대로 해석해보면 꾸짖을 타吒, 울부짖을 제嚌 자이므로 '죄인을 꾸짖고 불태워 울부짖게 하여 고통을 주는 소지옥'이다.

이곳에는 어떤 죄를 지으면 떨어질까?

계를 지키며, 청정하고 바르게 수행하는 여성을 수차례 범한 자가 떨어지는 소지옥이다. 게다가 그 여자의 자매·어머니, 또는 외도를 신봉하는 여자를 유혹하여 범한 자가 떨어진다.

이곳에 떨어진 죄인은 어떤 형벌을 받을까?

우선 회오리바람처럼 몰아치는 뜨거운 불꽃으로 불태워 죄인을 재로 만든다. 옥졸은 흩어진 재를 모아 다시 소생시켜, 또다시 뜨거운 바람으로 태우고 예리한 칼로 잘게 잘라서 모래처럼 만들어버린다.

또한 독을 뿜어내고, 금강과 같이 단단하고 예리한 쇠 이빨을 가진 무수한 쥐가 달려들어 남근, 고환, 내장, 뼈 등을 순식간에 전부 먹어치운다. 죄인의 숨이 끊어지면 옥졸은 곧바로 소생시킨다.

게다가 이번에는 불을 뿜어내는 검은 벌레가 죄인의 온몸으로 들어가 돌아다니면서, 남근, 고환, 내장을 태우고 먹는다. 이런 고통은 끝없이 계속된다.

이곳에서 악업이 다하면 어느 세계로 윤회 전생할까? 이곳의 악업이 다하여도 아무리 먹어도 배가 채워지지 않는 아귀로 태어나, 굶주린 나머지 자신의 살을 먹는 아귀로 살아야 한다고 한다. 게다가 자식을 낳아도 배를 채우기 위해 자신의 자식들을 먹는다고 한다. 또한 전생의 조그만 선업 덕분에 인간으로 태어나더라도 중병에 시달리고 급사한다고 한다.

보수일체자생고뇌처普受一切資生苦惱處

대초열지옥의 일곱 번째 소지옥은 보수일체자생고뇌처이다. 이곳은 '뜨거운 칼로 두루〔普〕 가죽을 벗기는 등 온몸〔一切資生〕

을 고통스럽게〔受苦惱〕 하는 소지옥'이다.

이곳은 어떤 죄를 지은 자가 떨어질까?

출가자〔출가하여 256개의 계율을 지키고 수행한 자〕임에도 불구하고 수행정진하고 있는 여성을 유혹하여 술을 마시게 하고 관계를 맺은 자 혹은 재물로 유혹하여 관계를 가진 자가 떨어지는 소지옥이다.

이곳에 떨어진 죄인은 어떤 형벌을 받을까?

우선 옥졸은 뜨겁게 달구어진 예리한 칼로 온몸의 가죽〔피부〕을 벗긴다. 그리고 옥졸은 벗겨진 살에 뜨거운 쇠 바리때로 뜨겁게 끓는 재를 가득 담아 뒤집어씌운다. 고통에 시달리다 죄인의 숨이 끊어지면, 옥졸은 곧바로 소생시켜 또다시 피부를 조금씩 벗기고 그곳에 재를 씌우고 태운다. 고통이 반복해서 계속된다. 간단하게 말하자면, 옥졸이 뜨거운 칼로 죄인의 피부를 벗기고, 살점이 드러난 곳을 불로 굽는 고통을 가한다.

또한 옥졸은 "아플 것이다. 너는 인간의 아픔을 알지 못하기 때문에, 그것을 알게 하기 위해 살을 도려낸 것이다. 아프냐! 이 아픔을 알았다고 하더라도 너는 사람들에게 그런 아픔을 맛보게 해서는 안 된다고 생각하지 않았을 뿐만 아니라, 반대로 그 아픔을 사람들에게 맛보게 하고서 즐거워했다. 그 벌로 지금 고통을 겪고 있는 것이다. 원망하려면 너의 마음과 행위를 원망하라."(앞의 책, 山本健治)고 훈계하면서 계속해서 고통을 가한다.

이곳에서 악업이 다하면 어느 세계로 윤회 전생할까? 과거 조그만 선업 덕분에 인간으로 태어나더라도 언제나 가난하게 지내며, 병치레를 자주하며, 성불구자로 태어난다고 한다.

비다라니처鞞多羅尼處

대초열지옥의 여덟 번째 소지옥은 비다라니처이다. 비다라니는 범어 '바이타라니(vaitaraṇī)'의 음사로 '건너다'는 뜻이다. 그래서 직역하자면 '건너야 하는 강'이라는 뜻이지만, 의역하자면 '맹독과 뜨거운 진흙이 흐르는 강'을 말한다. 그래서 『구사론』에서는 '뜨거운 물이 격렬하게 흐르는 소지옥'이라는 의미로 열하증烈河增이라고 한다. 이 강에 죄인을 던져 고통을 주는 소지옥이다.

이곳에 떨어진 죄인은 어떤 죄를 지었을까?

열심히 살고 있는 여성을 향에 취하게 하여 강제로 관계를 맺은 자가 떨어지는 곳이다. 좀 더 구체적으로 설명하자면, 정숙한 여성에게 향(대마초 등)을 강제로 냄새를 맡게 하거나 약물(마약 등)을 마시게 하여 의식을 잃게 만들어 강제로 범한 자가 떨어지는 곳이다.

이곳에 떨어진 죄인은 어떤 형벌을 받을까?

이곳에 죄인이 떨어지면, 어둠이 가득 찬 허공에서 검붉게 불타는 날카로운 쇠 지팡이가 소낙비처럼 내려 죄인의 온몸을 마치 고슴도치처럼 만들어버린다. 쇠 지팡이에 찔려 피투성이가 된 죄인은 필사적으로 달려 도망가지만 옥졸은 죄인을 절벽으로 밀어 넣는다. 그 절벽 아래는 맹독과 뜨거운 진흙이 흐르는 '비다라니 강'이다. 옥졸에 쫓긴 죄인은 어쩔 수 없이 강에 뛰어든다. 게다가 그곳에는 뜨거운 불꽃을 뿜어내는 사나운 독사가 기다리고 있다. 죄인은 불에 태워지고 독사에 잡아먹힌다. 독사에 먹힌 죄인은 똥으로 배출된다. 그러면 옥졸은 또다시 죄인을 소생시켜 끝없이 고통을 가한다.

이곳에서 악업이 다하면 어느 세계로 윤회 전생할까? 과거 조그만 선업 덕분에 인간으로 태어나더라도 항상 슬프게 지내며, 남의 노예로 산다. 또한 엄청나게 추운 동토에 태어나 풀뿌리만 먹고 겨우 목숨만 연명하면서 살아야 한다고 한다.

무간암처無間闇處

대초열지옥의 아홉 번째 소지옥은 무간암처이다. 이곳은 '티끌만큼의 희망도 보이지 않는 무한(무간)의 어둠 속에서 고통을 당하는 소지옥'이다.

이곳에는 어떤 죄를 지으면 떨어질까?

수행 중인 남성에게 여성을 시켜 유혹하게 하여 수행을 방해한 자가 떨어진다. 좀 더 구체적으로 설명하자면, 외부의 구속에서 벗어나고, 수행의 최대 방해물인 탐진치貪瞋癡의 삼독三毒을 벗어나고, 선善을 닦고 있는 남성〔출가자〕에게 여성을 보내 유혹하게 하여 수행을 방해한 자가 떨어지는 곳이다.

이곳에 떨어진 죄인은 어떤 형벌을 받을까?

우선 대초열지옥이기 때문에 죄인을 화염의 불꽃으로 불태워 고통을 준다. 그리고 이곳에는 몹시 날카롭고 금강처럼 단단한 금속이라도 물처럼 물렁물렁 분말로 만드는 부리를 가진 '지분地盆'이라는 벌레〔虫〕가 죄인의 피부·몸·살·내장을 먹고, 뼈를 갉아먹고, 골수를 전부 마셔버린다. 고통에 시달리다 죄인의 숨이 끊어지면 옥졸은 곧바로 소생시켜 처음과 똑같은 고통을 계속해서 가한다. 이 '지분충'에게 받는 고통은 다른 지옥의 백 배 천 배에 이른다고 한다. 이처럼 맹렬한 불꽃에 의해 태워지고 무수한 '지분'이라는 벌레에게 엄청난 고통에 시달린다. 그래서 티끌만큼의 희망도 보이지 않는 무한〔無間〕의 어두운〔闇〕 소지옥〔處〕이라고 한다.

이곳에서 악업이 다하면 어느 세계로 윤회 전생할까? 전생의 조그만 선업 덕분에 인간으로 태어나더라도 피부병에 시달리고, 음탕한 여자 집에 태어나 그녀를 위해 평생 일해야 한다.

고계처苦髻處

대초열지옥의 열 번째 소지옥은 고계처이다. 이런 명칭이 붙은 이유를 알 수 없지만, 글자대로 해석하자면, '머리카락[髻]을 태워 고통[苦]을 주는 소지옥'이다.

이곳에는 어떤 죄를 지으면 떨어질까?

계율을 잘 지키며 열심히 수행하고 있는 남성[비구]을 협박하여 음행을 저지른 여성이 떨어지는 곳이다. 좀 더 구체적으로 설명하자면, 계를 잘 지키고 율을 범하지 않으면서 수행을 열심히 하고 있는 비구에게 접근하여 "비구여! 나와 음행을 하자, 만일 거절하면 나를 범했다고 다른 사람[남편, 사법기관]에 알려 처벌받게 하겠다. 비구여! 나를 범해라. 나와 함께 음행을 하면 많은 비구들에게 음식은 물론 재화도 공양하겠다. 당신이 계율을 잘 지키는 최고의 비구라고 선전하겠다."라고 비구를 유혹하고 협박하여 음행을 저지른 여성이 떨어지는 곳이다.

이곳에 떨어진 죄인은 어떤 형벌을 받을까?

옥졸은 그 여인을 붙잡아 예리한 칼로 얼굴을 시작으로 온몸의 가죽을 벗기고 살을 도려내고서 앙상한 뼈만 남긴다. 칼로 얼굴 가죽을 먼저 벗기는 것은 죄인에게 외모는 단정한 척하면서 마음이 음탕하다는 것을 알게 하기 위해서다. 죄인의 숨이 끊어지면 옥졸은 곧바로 소생시켜 또다시 끝없이 똑같은 고통을 가한다.

또한 옥졸은 죄인의 의식을 몽롱하게 하여 그 남자(비구)의 환각을 보여준다. 그러면 음란한 마음이 저절로 생겨 그 방향으로 달려가 환각 속에서 남자를 껴안는다. 사실 그것은 검붉은 불기둥으로 죄인의 머리카락(髮)을 시작으로 온몸을 불태워 고통(苦)을 가한다. 그래서 '고계 소지옥'이라고 한다. 이런 고통이 반복해서 계속된다.

이곳에서 악업이 다하면 어느 세계로 윤회 전생할까? 전생의 조그만 선업 덕분에 인간으로 태어나더라도 부모도 없이 고아로 지내며, 항상 걸식하며 살아야 한다고 한다.

우루만두수처雨樓鬘抖擻處

대초열지옥의 열한 번째 소지옥은 우루만두수처이다. 정확한 의미를 알 수가 없지만, '커다란 집채(樓)가 비(雨)처럼 죄인의 머리(鬘) 위에서 떨어져(抖擻) 고통을 주는 소지옥(處)'이라고 추측할 뿐이다.

이곳에는 어떤 죄를 지으면 떨어질까?

국가의 혼란한 틈을 이용하여, 계율을 잘 지키고 있는 비구니를 범한 자가 떨어지는 소지옥이다. 좀 더 구체적으로 말하면, 국가가 위기 상황에 빠져 세상은 어지럽고, 국토는 황폐해졌고,

게다가 부처님의 가르침도 쇠락하여 수행자도 줄여들고 있는 시대에 계율을 잘 지키면서 청정하게 수행하고 있는 비구니에게 접근하여 강제로 범한 자가 떨어지는 곳이다.

이곳에 떨어진 죄인은 어떤 형벌을 받을까?

이곳에는 칼이 무수하게 꽂혀 있는 산이 있는데, 그 산은 고속으로 회전하고 있다. 이곳에 죄인을 집어넣어 불태우고 온몸을 산산조각 낸다. 고통에 시달리다 죄인의 숨이 끊어지면 소생시켜 또다시 똑같은 고통을 끝없이 가한다.

또한 옥졸은 날카로운 쇠 가시가 붙어 있는 쇠줄로 죄인을 묶어, 죄인의 온몸을 뾰족한 쇠 가시로 찔러 고통을 가한다. 게다가 옥졸은 죄인을 그물에 매달아 화살을 연속으로 쏘아 온몸을 상처투성이로 만들어 고통을 가한다.

또한 죄인은 독을 품고 뜨거운 불을 토하는 커다란 독사에게 먹힌다. 그 독사의 뱃속에서 죄인은 맹독과 열기에 의해 고통을 받는다. 죄인의 숨이 끊어지면 다시 소생시켜 끝없는 고통을 계속해서 가한다.

이곳에서 악업이 다하면 어느 세계로 윤회 전생할까? 악업이 다하여 이곳에서 벗어나도 500년간 아귀나 축생으로 태어난다고 한다. 전생의 조그만 선업 덕분에 인간으로 태어나더라도 늘 가난하게 지내며, 부스럼으로 고생한다고 한다.

발괴오처髮愧烏處

대초열지옥의 열두 번째 소지옥은 발괴오처이다. 이곳은 '괴조
〔까마귀〕가 죄인의 머리〔髮〕를 쪼아 고통을 주는 소지옥'이다.

　이곳에는 어떤 죄를 지으면 떨어질까?

　음욕이 강하여 술에 취해 자매를 범한 자가 떨어진다. 좀 더
구체적으로 말하면, 음란하여 술에 취해 또는 술에 취한 척하면
서 누나 또는 여동생을 범한 자가 떨어진다. 또한 형수·처형 또
는 처제·제수를 범한 자도 떨어지는 소지옥이다.

　이곳에 떨어진 죄인은 어떤 형벌을 받을까?

　죄인이 이곳에 떨어지면 옥졸은 무엇이든 녹이는 화로에 죄
인을 집어넣어 고통을 가한다. 게다가 옥졸은 풀무로 용액의 불
꽃을 조절하며 죄인을 용액 속에서 가라앉혔다가 떠올렸다가
하면서 고통을 가한다. 그리고 죄인을 작살로 찔러 건져 올려서
쇠 다듬잇돌 위에 놓고서 망치로 수없이 내리쳐 가루로 만든다.

　고통에 시달리다 죄인의 숨이 끊어지면 소생시켜 끝없이 계
속해서 고통을 가한다. 또한 죄인을 커다란 쇠북에 가두어, 쇠
북을 강하게 때린다. 그러면 그 진동에 의해 죄인의 귀와 내장
은 파열된다.

　이것으로 끝이 아니다. 금강과 같이 단단한 쇠 부리를 가진
까마귀가 날아와 죄인의 머리를 시작으로 온몸을 쪼아 먹어버

린다. 그래서 '발괴오 소지옥'이라고 한다. 까마귀의 똥으로 나오면 옥졸은 또다시 죄인을 소생시킨다.

이곳에서 악업이 다하면 어느 세계로 윤회 전생할까? 이곳에서의 악업이 다하여도 500년간 아귀와 축생으로 지낸다고 한다. 또한 과거의 조그만 선업 덕분에 인간으로 태어나더라도 수명이 짧으며, 늘 불안한 마음으로 살아가야 한다고 한다.

비고후처悲苦吼處

대초열지옥의 열세 번째 소지옥은 비고후처이다. 이곳은 '죄인의 울부짖는(吼) 고통(苦) 소리가 마치 자비(悲)의 소리로 들리게 하여 고통을 주는 소지옥'이다.

이곳에는 어떤 죄를 지으면 떨어질까?

특별한 행사(법회, 49재 등) 중임에도 불구하고 자매끼리 관계를 가진 자가 떨어지는 소지옥이다. 또는 잘못된 가르침임을 알아차리지 못하고 음행을 저지른 여성이 떨어지는 곳이다. 다시 말해 이곳은 잘못된 사교의 가르침에 속아 음행을 저지른 여성이 떨어진다.

이곳에 떨어진 죄인은 어떤 형벌을 받을까?

이곳에 죄인이 떨어지면 옥졸은 검붉게 타고 있는 쇠절구 통에 던져 넣고, 뜨거운 불꽃을 뿜어내는 쇠 절굿공이로 내려쳐서 쌀가루처럼 만들어버린다. 이런 고통에 시달리다 죄인의 숨이 끊어지면 소생시켜 또다시 반복해서 고통을 가한다.

이곳에서 겨우 벗어나 도망친 죄인은 새소리가 들리는 조용한 숲과 아름다운 샘물을 발견한다. 사실 새들이 지저귀는 소리는 다른 죄인들이 울부짖으며 도움을 청하는 소리이다. 그래서 '비고후 소지옥'이라고 한다. 그것을 새소리로 착각한 죄인이 참을 수 없는 갈증 때문에 샘에 뛰어들면, 그 샘에는 천 개의 머리를 가지고, 눈에서 붉은 불꽃을 뿜어내며, 입에서는 독을 뿜어내는 수천 마리의 악룡이 죄인을 기다리고 있다. 악룡은 순식간에 죄인을 삼켜버린다. 악룡의 배 안은 뜨거운 불꽃과 맹독으로 가득 차 있기 때문에, 열기와 맹독으로 인하여 죄인은 엄청난 고통을 당한다. 이런 고통은 끝없이 반복된다.

이곳에서 악업이 다하면 어느 세계로 윤회 전생할까? 이곳에서의 악업이 다하여도 700년간 아귀와 축생으로 지낸다고 한다. 전생의 조그만 선업 덕분에 인간으로 태어나더라도 늘 가난하고, 병이 많으며, 거리에서 구걸하며 지낸다고 한다.

대비처大悲處

대초열지옥의 열네 번째 소지옥은 대비처이다. 정확한 의미를 알 수 없지만, '크게〔大〕 끝없이 슬프게〔悲〕 하는 곳, 즉 엄청나게 큰 고통과 슬픔을 주는 소지옥'이다.

이곳에는 어떤 죄를 지은 자가 떨어질까?

이곳은 불전 등을 배우고 있는 선인善人의 아내와 딸 등을 속여 범한 자가 떨어지는 소지옥이다. 쉽게 설명하자면, 사음邪婬에 빠져 은사의 아내나 딸을 속이거나 혹은 강제적으로 범한 자가 떨어지는 곳이다. 또한 가르치는 입장을 이용하여 제자의 아내나 연인을 범한 자도 떨어지는 곳이다.

이곳에 죄인이 떨어지면, 옥졸은 날카로운 칼이 빽빽하게 꽂혀 있는 바닥에 죄인을 올려놓고 형태가 없어질 때까지 문질러 고통을 가한다. 또한 죄인을 채칼로 가는 것처럼 칼날을 세워 바닥에 꽉 눌러서, 죄인의 살·내장·골수·혈액 등을 뭉개서 주스처럼 꽉 짠다. 이런 엄청난 고통을 끝없이 가하기 때문에 '대비처'라고 한다.

이곳에서 악업이 다하면 어느 세계로 윤회 전생할까? 이곳에서 악업이 다하여도 6천 년 동안 아귀나 축생으로 지낸다. 전생의 조그만 선업 덕분에 인간으로 태어나더라도 태아의 상태로 죽거나 걷기 전에 죽는다고 한다.

무비암처無非闇處

대초열지옥의 열다섯 번째 소지옥은 무비암처 또는 무간암처無

間闇處이다. 이곳은 '자비나 동정을 전혀 베풀지 않는〔無非〕어두운〔闇〕소지옥〔處〕'이다.

이곳에는 어떤 죄를 지으면 떨어질까? 아들의 아내, 즉 자신의 며느리를 범한 짐승보다 못한 자가 떨어지는 소지옥이다.

이곳에 떨어진 죄인은 어떤 형벌을 받을까?

이곳에 죄인이 떨어지면 옥졸은 용암으로 펄펄 끓고 있는 연못에 죄인을 던져 넣어 불태운다. 또한 죄인을 부글부글 끓는 가마솥에 넣어 삶은 후 절구통에 던져 넣어 쇠 절굿공이로 찧어서 만두처럼 만들어버린다. 이런 고통을 죄인은 끝없이 당한다. 이처럼 죄인을 태우고 삶고 찧는 이유는 무엇인가? 첫째, 태워지는 이유는 사음한 마음을 태우기 위한 것이다. 둘째, 삶는 것은 사음한 생각을 증발시키기 위한 것이다. 셋째, 찧는 것은 악행을 두 번 다시 반복하지 않게 마음속에서 사음을 내쫓기 위해서이다. 이처럼 죄인에게 전혀 자비나 동정을 베풀지 않는 어두운 지옥이기 때문에 '무비암 소지옥'이라고 한다.

이곳에서 악업이 다하면 어느 세계로 윤회 전생할까? 이곳에서 악업이 다하여도 900년 동안 아귀나 축생으로 지낸다. 전생의 조그만 선업 덕분에 인간으로 태어나더라도 늘 빈궁하게 살며, 사람이 살기 어려운 척박한 땅에 태어나 천하게 산다고 한다.

목전처木轉處

대초열지옥의 열여섯 번째 소지옥은 목전처이다. 정확한 의미를 알 수 없지만, '불타고 있는 쇠 나무〔木〕를 회전시켜〔轉〕 죄인을 괴롭히는 소지옥〔處〕'이라고 추측할 뿐이다.

이곳에 떨어진 죄인은 어떤 죄를 지었을까?

이곳은 목숨을 구해 준 은인의 아내를 범한 자가 떨어지는 소지옥이다. 좀 더 구체적으로 말하자면 사고나 병으로 어려울 때, 또는 경제적이나 가정적으로 힘들었을 때 도움을 받았음에도 불구하고, 그것을 잊고 도와준 은인의 아내를 속여 범한 자가 떨어지는 곳이다.

이곳에 떨어진 죄인은 어떤 형벌을 받을까?

이곳에는 뜨거운 쇳물이 녹아 흐르는 '대규환大叫喚'이라는 강이 있는데, 이곳에 던져 죄인을 불태운다. 또한 이 강에는 마갈수대摩竭受大라는 거대한 물고기가 죄인을 잡아먹는다. 죄인의 숨이 끊어지면 옥졸은 곧바로 소생시켜, 또다시 반복해서 고통을 가한다.

이곳에서 악업이 다하면 어느 세계로 윤회 전생할까? 전생의 조그만 선업 덕분에 인간으로 태어나더라도 여자에게 미움을 받으며 500년 동안 여자와 관계를 할 수 없다고 한다.

이것으로 성범죄를 묻는 '대초열지옥'과 이에 부수하는 16개의 소지옥에 대해 알아보았다. 계속해서 오역죄를 범한 자들이 떨어지는 아비지옥에 대해 살펴보자.

8 아비지옥

오역죄를 범한 자들이 떨어진다

팔열지옥의 마지막은 아비지옥(阿鼻地獄, avīci-naraka) 또는 무
간지옥無間地獄이다. 아비 또는 아비지라는 말은 범어 아비치
(avīci)의 음사로, 'a'는 부정하는 말이고, 'vīci'는 '움직임[波動],
간극'이라는 뜻이다, 그러므로 아비지옥이란 '간극이 없는 지
옥'을 말한다. 그래서 한역에서는 무간지옥無間地獄이라고 한다.
이곳은 괴로움을 받는 것이 쉴 사이(無間)가 없기 때문이다. 다
시 말해 무간지옥은 한 순간도 쉬지 않고 계속해서 죄인에게 고
통을 가하는 곳이다. 앞에서 언급한 7곳의 지옥에서는 비록 짧
은 시간이지만 잠시나마 휴식을 주지만, 이곳에서는 고통이 쉼
없이 계속된다. 그런데 독자들께서 명심해야 할 것이 있다. 아
비지옥의 고통은 무간(無間, incessant)이지 무한(無限, endless)이
아니라는 것이다. 이곳에서 죄업이 다하면 언젠가는 아비지옥
에서 벗어난다는 사실이다.

이곳은 어디에 위치할까? 아비지옥은 대초열지옥 밑에 있다.

지옥 중에서도 가장 밑에 위치하는 아비지옥에 갈 때, 죄인은 머리를 밑으로 하고 다리를 위로 하여 아래로 아래로 아비지옥에 떨어진다. 그래서 우리는 '지옥에 간다'라는 말보다 '지옥〔나락〕에 떨어진다'라는 표현을 쓰는 것이다. 우리들이 살고 있는 사바세계의 시간으로 계산하면, 2천 년에 걸쳐 아래로 아래로 떨어진다. 게다가 아비지옥에 떨어지는 동안 까마득한 어둠 속에서 이미 아비지옥에 도착한 죄인의 괴로워하는 소리가 끊임없이 들려온다. 얼마나 괴롭겠는가.

그리고 앞의 7곳의 지옥은 둘레가 각각 1만 유순이지만, 아비지옥의 전체 둘레는 가로 세로 각각 8만 유순이다. 그래서 아비지옥은 지옥 중에서 가장 크며, 형벌의 고통도 대초열지옥의 천 배이기 때문에 가장 극심한 곳이다.

이곳에는 어떤 죄를 지으면 떨어질까? 간단하게 말하면 참법죄謗法罪·사중죄四重罪·오역죄五逆罪를 범한 파계승이 떨어지는 대지옥이다.

이를 간단히 살펴보면, 먼저 참법의 죄이란 부처님의 가르침〔法〕을 비방〔謗〕하는 것이다. 사중죄, 즉 4가지의 무거운 죄란 살생·도둑질·사음·거짓말을 말하며, 이것은 출가자라면 반드시 지켜야 하는 것이다. 오역죄란 '아버지를 살해한 죄, 어머니를 살해한 죄, 아라한을 살해한 죄, 부처님 몸에 상처를 내 피를 흘리게 한 죄, 사찰을 파괴하고 불태우거나 교단의 화합을 깨뜨린 죄'를 말한다.

그렇다면 아비지옥은 어떤 모습일까? 아비지옥은 7겹의 철로 된 성으로 둘러싸여 있으며, 7층의 철망이 보호하고 있다. 밑에 는 18개의 칸막이벽으로 이루어져 있다. 그리고 날카로운 칼로 된 숲이 주위를 둘러싸고 있으며, 4벽 구석에는 동철銅鐵로 된 4마리의 개(犬)가 지키고 있다. 그 개의 신장은 40킬로미터, 어 금니는 검과 같이 날카롭고, 이빨은 칼산과 비슷하며, 혀는 바 늘산과 같고, 털구멍(毛穴)에서는 맹렬한 불과 지독한 악취가 난다. 그리고 18명의 옥졸이 죄인을 기다리고 있다. 그들은 64 개의 눈, 길이 40킬로미터의 어금니, 8개의 손과 머리에 18개의 불을 가지고 있다. 또한 발밑에는 8만4천 마리의 커다란 쇠 뱀 과 500억 마리의 기분 나쁜 벌레가 죄인을 기다리고 있다.

2천 년에 걸쳐 아비지옥에 도착하면, 어떤 형벌이 죄인을 기 다리고 있을까? 이곳에서는 타고 있는 업의 불길(業火)로 죄인 의 뼛속까지 태우며, 옥졸은 쇠로 이루어진 지면에 죄인이 넘 어지면 입을 억지로 벌려 쇳물을 부어 넣는다. 게다가 뜨거운 철산을 오직 혼자 오르락내리락 끊임없이 반복하는 고통을 당 한다.

그리고 아비지옥에 떨어지는 죄인은 임종 직전에 18종류의 벌레에 고통을 당한다고 한다. 그들은 죄인의 몸속을 기어 다니 면서 괴롭힌다. 그 벌레들의 이름은 대략 모충(毛虫, 털 벌레)·혹

구충(黑口虫, 검은 입을 가진 벌레)·무력충(無力虫, 무한의 힘을 가진 벌레)·대력작충(大力作虫, 엄청난 힘을 가진 벌레)·미작충(迷作虫, 헤매게 만드는 벌레)·화색작충(火色作虫, 불의 색깔을 만드는 벌레)·활충(滑虫, 미끈한 벌레)·하표충(河漂虫, 강을 표류하는 벌레)·도충(跳虫, 뛰는 벌레)·분별견충(分別見虫, 분별하여 보는 벌레)·악취충(惡臭虫, 악취를 뿜어내는 벌레) 등이다. 이 벌레들은 고열高熱과 악한惡寒, 격통激痛과 산통疝痛, 구토嘔吐와 하혈下血, 경련痙攣 등을 일으켜 임종 직전의 죄인에게 고통을 주고, 그리고 아비지옥으로 떨어뜨린다.

이곳에도 16개의 소지옥이 있다. 구체적으로 살펴보자.

오구처鳥口處

아비지옥의 첫 번째 소지옥은 오구처이다. 이곳은 '옥졸이 죄인을 까마귀〔烏〕의 입〔口〕처럼 찢어 고통을 주는 소지옥'이다.

이곳에 떨어진 죄인은 어떤 죄를 지었을까?

이곳은 오역죄 중에서 아라한을 살해하거나 부처님의 몸에 상처를 낸 자가 떨어진다. 더불어 이런 짓을 즐겁게 행하고 타인에게 시킨 자도 떨어진다.

이곳에 떨어진 죄인은 어떤 형벌을 받을까?

우선 옥졸은 까마귀의 입(烏口)처럼 죄인의 입을 벌려서 단숨에 귀까지 찢어 닫지 못하도록 한 뒤, 검은 재가 흐르는 흑회黑灰라는 강에 집어넣어 끓고 있는 뜨거운 진흙 재를 찢어진 입에 부어 넣는다. 그러면 뜨거운 진흙 재의 열로 인하여 죄인의 이빨, 목, 내장 등은 차례로 불탄다. 그래서 '오구 소지옥'이라고 한다. 고통에 시달리다 죄인의 숨이 끊어지면 옥졸은 죄인을 곧바로 소생시켜 처음과 똑같이 입을 찢어 뜨거운 진흙 재를 깔대로 꽂아 붓는다. 이런 고통은 반복해서 계속된다.

이곳에서 악업이 다하면 어느 세계로 윤회 전생할까? 악업이 다하더라도 아귀로 태어나 천 년 동안 고통을 받으며, 축생〔지렁이, 도마뱀, 코끼리 등〕으로 태어난다고 한다. 전생의 조그만 선업 덕분에 인간으로 태어나더라도 태아 상태로 죽거나 걷기도 전에 죽는다고 한다.

일체향지처一切向地處

아비지옥의 두 번째 소지옥은 일체향지처이다. 이곳은 '모든[一切] 방향[向]과 지면[地]에서 고통을 주는 소지옥'이다.

　이곳에는 어떤 죄를 지으면 떨어질까?

　번뇌를 다 없애고 지혜를 얻어 존경받는 비구니나 아라한을 강제로 범한 자가 떨어지는 곳이다. 다시 말하자면 일체의 번뇌를 끊은 경지에 이른 비구니나 아라한에게 접근하여 강제로 범한 자가 떨어지는 곳이다.

　이곳에 떨어진 죄인은 어떤 형벌을 받을까?

　이곳의 지면은 전부 쇠로 되어 있다. 이곳에 죄인이 떨어지면, 옥졸은 거꾸로 매달아 머리를 위아래로 올렸다 내렸다 하거나 빙글빙글 돌리면서 불에 태우거나 구타한다. 또한 거꾸로 매단 채로 날카롭고 커다란 도끼로 내리찍으면서 살을 자르고 도려내어 고기처럼 잘게 다진다. 그리고 남겨진 뼈는 잿물이 끓고 있는 가마솥에 집어넣어 삶는 고통을 가한다. 이처럼 모든 것을 동원하여 죄인을 괴롭히기 때문에 '일체향지 소지옥'이라고 한다. 고통에 시달리다 죄인의 숨이 끊어지면 또다시 처음과 똑같은 고통을 가한다.

이곳에서 악업이 다하면 어느 세계로 윤회 전생할까? 악업이 다하더라도 아귀로 태어나 굶주림과 목마름의 고통을 천 년 동안 당하며, 또한 새·여우 등의 축생으로 태어난다. 전생의 조그만 선업 덕분에 인간으로 태어나더라도 성불구자로 태어난다고 한다.

무피안상수고뇌처無彼岸常受苦惱處

아비지옥의 세 번째 소지옥은 무피안상수고뇌처 또는 무피안 장수고뇌처無彼岸長受苦惱處이다. 이곳은 '피안〔쉼〕 없이〔無彼岸〕 아주 긴 시간 동안〔常〕 고통을 받는〔受苦惱〕 소지옥〔處〕'이다.

이곳에는 어떤 죄를 지으면 떨어질까?

이곳은 술에 취해 어머니를 범한 자 또는 그렇게 하도록 시킨 자가 떨어지는 지옥이다. 좀 더 구체적으로 설명하자면, 세상의 유혹에 빠지거나 자신의 욕망 때문에 나쁜 친구를 사귀어 수행을 그만두고 계율을 어긴 자 또는 술에 취해 어머니를 범한 자, 그 죄를 알고서도 나쁜 친구를 사귀어 계속해서 그것을 즐긴 자, 또한 타인을 끌어들여 그렇게 하도록 시킨 자가 떨어지는 곳이다.

이곳에 떨어진 죄인은 어떤 형벌을 받을까?

이곳에 죄인이 떨어지면 옥졸은 불꽃을 뿜어내는 쇠갈고리로 생식기를 배꼽으로 꺼내 날카로운 쇠 가시로 찌른다. 그 후에 죄인의 배꼽이나 코, 귀에 쇠못을 박아 움직이지 못하게 하고서, 입에 뜨거운 쇳물을 부어 고통을 가한다. 또한 코·귀·입을 불태우고, 날카로운 칼로 피부와 살을 도려내고 잘게 자른다. 고통에 시달리다 죄인의 숨이 끊어지면 곧바로 소생시켜 처음과 똑같이 끝없이 고통을 가한다. 그래서 '무피안상수고뇌처', 즉 피안은 없고 끊임없이 아주 긴 시간 동안 고뇌를 받는 소지옥이라고 한다.

이곳에서 악업이 다하면 어느 세계로 윤회 전생할까? 악업이 다하여 인간으로 태어나더라도 정숙하지 못한 아내를 만나고, 남의 아내를 범하다가 발각되어 고통을 당하며, 길거리나 무덤 근처에서 죽는다고 한다.

야간후처野干吼處

아비지옥의 네 번째 소지옥은 야간후처이다. 이곳은 '죄인을 야간野干에게 물어 뜯기게 하여 울부짖게(吼) 하는 소지옥(處)'이다. 야간野干이란 범어 스리갈라(śrgāla)의 번역이며, 음사하여 실가라悉伽羅라고 한다. 일반적으로는 자칼을 의미하지만, 동북아시아에서는 여우 내지 늑대를 지칭한다.

이곳에는 어떤 죄를 지으면 떨어질까?

선지식, 깨달은 자, 아라한 등을 비방한 자가 떨어지는 곳이다. 좀 더 구체적으로 설명하자면, 부처님의 가르침을 훼방하고, 혼자 수행하여 깨달음을 얻은 벽지불 및 아라한과 성인을 비방 중상모략하며, 비법非法을 도리어 정법正法이라고 널리 퍼뜨린 자가 떨어지는 곳이다.

이곳에 떨어진 죄인은 어떤 형벌을 받을까?

이곳에 죄인이 떨어지면 철의 입을 가지고 불을 토하는 크고 사나운 '야간野干'이 죄인의 손, 발, 혀 등을 차례로 뜯어 먹는다. 또한 옥졸은 죄인을 붙잡아 입을 찢고 혀를 뽑아서 예리한 칼로 갈기갈기 잘게 찢는다. 그러면 그 혀는 다시 소생한다. 왜냐하면 그 혀로 성인을 비방하고 남에게 비법을 정법이라고 속였기 때문에 이런 고통을 가하는 것이다. 또한 옥졸은 "너는 비법을 정법이라고 퍼뜨려 중생을 나쁜 길로 인도했다."라고 질책하며 불타고 있는 철판 위에 죄인을 올려놓고서, 마치 쇳덩어리를 두드려서 얇게 철판으로 만드는 것처럼 죄인의 혀를 뽑아 얇게 늘려, 날카로운 칼날이 불타고 있는 소(牛)의 발로 밟게 하고 예리한 쇠가래로 갈게 한다. 일종의 발설지옥拔舌地獄이라고 할 것이다. 이 고통을 끝없이 가한다.

또한 옥졸은 "너는 입으로 성인을 비방하여 지옥에 떨어졌다. 그래서 이런 대가를 받는다. 중생들은 정법을 바라는데, 너는 비법을 말했다. 그 악업 그대로 지금 여기서 그 과보를 받는다."

고 질책하면서 끝없는 고통을 가한다.

이곳에서 악업이 다하면 어느 세계로 윤회 전생할까? 지옥의 악업이 다하여 인간으로 태어나더라도 문둥이나 벙어리로 태어난다고 한다.

철야간식처鐵野干食處

아비지옥의 다섯 번째 소지옥은 철야간식처이다. 이곳은 '철鐵로 된 뜨거운 어금니를 가진 이리(野干)가 달려들어 죄인의 살을 먹는(食) 소지옥(處)'이다.

이곳에는 어떤 죄를 지은 자가 떨어질까?

사찰이나 불상을 태우거나, 출가자를 살해한 자가 떨어지는 곳이다. 좀 더 구체적으로 설명하자면 아주 나쁜 마음으로 사찰에 불을 질러 출가자를 살해하거나 경전·불상·침구·의복·재물·곡식 등을 태우고도, 후회하지 않고 오히려 기뻐한 자, 게다가 다른 사람에게도 그런 짓을 시켜 놓고 기뻐하는 자도 떨어지는 곳이다.

이곳에 떨어진 죄인은 어떤 형벌을 받을까?

우선 이곳에서는 10유순 높이의 불꽃으로 죄인을 불태운다. 그리고 이곳에는 불타는 산이 있어, 죄인을 정수리에서 발끝까지 아주 긴 시간동안 불태운다. 게다가 너무나 고통스러워 큰 소리로 울부짖을 때 입이 벌여져, 불꽃이 입안으로 들어가 몸 안의 내장을 차례로 태운다.

또한 죄인의 머리 위로 검붉게 불타는 쇠 덩어리가 장마철 소나기처럼 쏟아져 죄인의 몸을 말린 고기처럼 때려서 부수어 버린다. 고통에 시달리다 죄인의 숨이 끊어지면 뜨거운 쇠 어금니를 가지고 입에서 불을 뿜어내는 수많은 철의 야간〔지옥의 이리〕가 달려들어 죄인의 살을 뜯어 먹는다. 그래서 '철야간식 소지옥'이라고 한다. 죄인의 숨이 끊어지면 옥졸은 곧바로 소생시켜 끝없이 고통을 가한다.

또한 옥졸은 "너는 사원을 불태우고 승려나 수도승을 살해하고서, 이것을 바르다고 거리낌 없이 호언장담하고 웃으면서 지켜보았다. 불타서 붕괴하는 사원에서 승려들은 필사적으로 도망가려고 하지만 불탄 지붕이나 기와, 기둥이 무너지고 떨어지는 것에 맞아 으깨져 울부짖으며 죽어갔다. 필시 뜨겁고 아프고 고통스러웠을 것이다. 바로 네가 불태워 살해한 것이다. 그들의 고통을 생각해 봐라. 너는 반성도 하지 않고서 바르다고 거짓말을 했다. 지금 불태워지고 뭉개지고 얻어맞고 말린 고기가 된다고 하여 무엇이 괴로운가? 괴롭다면 네가 불태워 살해한 승려나 수도승을 생각하라. 그들이 받은 고통과 비교하면 아무것도 아니다. 원망하려면 너 자신을 원망해라"(앞의 책, 山本健治)고 화를 내면서 더욱더 강하게 때린다.

이곳에서 악업이 다하면 어느 세계로 윤회 전생할까? 지옥의
악업이 다하여도 온몸이 불타는 아귀로 태어나 천 년 동안 고통
에 시달리며, 벌레로 태어나 광야에서 굶주리며 천년을 살아야
한다고 한다. 전생의 조그만 선업 덕분에 인간으로 태어나더라
도 남의 심부름만 하며 늘 굶주림에 시달린다고 한다.

흑두처黑肚處

아비지옥의 여섯 번째 소지옥은 흑두처이다. 이곳은 '검은[黑]
배[肚]를 가진 뱀에게 먹히는 소지옥'이다.

이곳에 떨어진 죄인은 어떤 죄를 지었을까?

이곳은 전생에서 부처님께 올린 보시물을 취해서 자기 마음
대로 사용한 자[출가자]가 떨어지는 소지옥이다. 좀 더 구체적
으로 설명하면, 절에 들어 온 보시물을 가져다 자기가 쓰고도
돌려주지도 갚지도 않은 자가 떨어진다. 또한 타인에게도 보시
물을 훔치도록 시키고, 타인에게 보시하라고 권하고서 그것을
자기가 취한 자도 떨어지는 곳이다.

보시물은 출가자 개인을 배불리게 하기 위한 것이 아니다. 그
리고 출가자가 마음대로 처분하고 사용하라는 것도 아니다. 반
드시 사대대중을 위해 사용해야 한다. 이곳은 그렇지 않은 출가
자가 떨어지는 소지옥이다.

이곳에 떨어진 죄인은 어떤 형벌을 받을까?

이곳에서는 우선 굶주림과 갈증에 시달리게 하여 죄인 자신의 몸을 먹게 하는 형벌을 가한다. 자신의 몸을 다 먹으면 다시 되살아나게 한다. 이처럼 다시 자신의 살을 먹는 형벌이 계속된다.

게다가 검은 배를 가진 커다란 뱀이 죄인의 몸을 머리부터 발끝까지 휘감아 전부 먹어버린다. 그래서 '흑두 소지옥'이라고 한다. 그러면 죄인은 뱀의 배설물로 배출되고, 옥졸은 죄인을 소생시켜 또다시 끝없이 고통을 가한다.

이곳에서 벗어나면 또 다른 고통이 죄인을 기다리고 있다. 옥졸은 맹렬하게 타오르는 불 속에 죄인을 집어던져 태우거나 죄인을 쇠 집게로 집어 커다란 쇠솥에 던져 넣어 콩처럼 푹 삶는다. 그런 후에 철판 위에 올려놓고 콩처럼 볶아 고통을 가한다.

이곳에서 악업이 다하면 어느 세계로 윤회 전생할까? 악업이 다하여 아귀로 태어나더라도 1,200년 동안 식분아귀로 살고, 그런 후에도 700년 동안 식토아귀로 산다고 한다.

식분아귀食糞餓鬼란 탐욕과 질투심이 많아 타인에게 인색하여 보시를 하지 않거나 보시를 하더라도 부정한 음식을 출가자에게 준 자이다. 이런 아귀는 500년 동안 굶주림과 갈증에 시달리며, 분뇨의 연못에서 구더기와 분뇨를 먹지만, 그것조차 만족하게 먹을 수 없다. 다시 태어나도 인간이 될 가능성이 거의 없다.

식토아귀食吐餓鬼에 대해서는 본서 p.219, 초열지옥의 암화풍처闇火風處 항목에 자세히 설명되어 있다.

신양처身洋處

아비지옥의 일곱 번째 소지옥은 신양처이다. '신양身洋'이란 '신체소양身體消洋'의 줄임말이다. '신체'는 몸, 소양은 '녹아서 사라지다', 즉 '몸이 녹아 사라진다'는 의미이다. 그러므로 신양처란 '강렬한 화염에 의해 죄인의 몸이 녹아서 없어져버리는 소지옥'이다.

이곳에는 어떤 죄를 지으면 떨어질까?

이곳은 부처님께 공양 올린 보시물을 훔친 자가 떨어지는 지옥이다. 다시 말해 보시물을 반복해서 마음대로 가져다 쓰고, 타인에게도 훔치게 한 자가 떨어지는 곳이다.

이곳에 떨어지면 어떤 형벌을 받을까?

이곳에는 엄청난 불꽃[화염]을 뿜어내는 거대한 철로 된 나무[火焰鐵樹]가 두 그루 있는데, 옥졸은 두 나무 사이에 죄인을 던져 넣는다. 그 나무는 뜨거운 불꽃으로 죄인을 불태운다. 더불어 바람이 불어 쇠 나무가 흔들려 서로 스칠 때마다 그 사이에 있는 죄인의 몸은 산산조각이 나면서 녹아서 사라진다. 그래서

'신양 소지옥'이라고 한다. 고통에 시달리다 죄인의 숨이 끊어지면 옥졸은 곧바로 소생시킨다.

또한 불꽃을 뿜어내는 거대한 나무에는 금강과 같이 단단하고 날카로운 부리를 가진 까마귀〔金剛嘴鳥〕가 죄인의 머리통을 쪼개서 뇌를 먹고, 이어서 머리뼈를 쪼아 골수를 마신다. 계속해서 눈알을 쪼아 먹고, 단단한 부리로 심장을 절개하여 내장, 이어서 다리, 발가락 등의 온몸을 먹어치운다. 죄인의 숨이 끊어지면 옥졸은 곧바로 소생시킨다. 이처럼 금강취조는 끝없이 반복하며 죄인을 고통스럽게 한다.

이곳에서 악업이 다하면 어느 세계로 윤회 전생할까? 악업이 다하여도 천 년 동안 식타아귀로 지내야 한다. 식타아귀食唾餓鬼는 출가자에게 부정한 음식을 깨끗한 것이라고 속이고 보시한 자이다. 그래서 오로지 타인의 침〔唾〕만 먹을 수 있다〔食〕. 전생의 조그만 선업 덕분에 인간으로 태어나더라도 전쟁 중인 두 나라 사이에 태어나 양쪽 국가의 사람들에게 고통을 받는다. 또한 평생을 굶주림과 갈증에 시달린다고 한다.

몽견외처夢見畏處

아비지옥의 여덟 번째 소지옥은 몽견외처이다. 이곳은 '꿈속에서 보아도〔夢見〕 무서운〔畏 소지옥〔處〕'이다.

이곳에는 어떤 죄를 지은 자가 떨어질까?

출가자의 음식을 빼앗아 굶주리게 하여 수행이나 좌선을 방해한 자가 떨어지는 곳이다. 또한 이런 짓을 기쁘게 행하고, 훔치게 시킨 자도 떨어진다.

이곳에 떨어진 죄인은 어떤 형벌을 받을까?

이곳에 죄인이 떨어지면 꿈에서 보는 것조차 무서운 형벌을 받는다. 그래서 '몽견외 소지옥'이라고 한다. 옥졸은 죄인을 붙잡아 쇠 상자에 집어넣고서 쇠도리깨와 쇠 절굿공이로 온몸을 내리쳐 부수고 불태운다. 고통에 시달리다 죄인의 숨이 끊어지면 곧바로 소생시켜, 옥졸은 또다시 쇠 상자에 죄인을 집어넣어 쇠 절굿공이로 찧는다.

또한 옥졸은 날카롭고 예리한 칼날로 된 숲에 죄인을 밀어 넣어 온몸이 잘게 잘리게 한다. 게다가 칼이 비처럼 내려 죄인의 몸을 찌르고 잘게 자르고, 힘줄과 혈맥을 끊어 고통을 가한다. 이런 고통이 끝없이 계속된다.

이곳에서 악업이 다하면 어느 세계로 윤회 전생할까? 이곳에서의 악업이 다하여도 천 년 동안 부스럼의 피고름을 먹는 아귀로 태어난다. 전생의 조그만 선업 덕분에 인간으로 태어나더라도 항상 가난하게 살며, 남의 노예가 되어 살고, 풀이나 나무도 없고 곡물이 전혀 자라지 않는 황량한 땅에 태어난다고 한다.

신양수고처身洋受苦處

아비지옥의 아홉 번째 소지옥은 신양수고처이다. 신양수고처란 '몸이 녹아 사라지는〔身洋〕고통을 받는〔受苦〕소지옥'이다.

이곳에 떨어진 죄인은 어떤 고통을 받는가?

어려운 사람을 돕는 선한 사람을 속인 자가 떨어지는 곳이다. 좀 더 자세하게 설명하자면, 가난한 사람이나 병자를 도와주는 훌륭한 마음씨와 바른 신심을 가진 선한 사람을 속여 보시물을 훔친 자가 떨어지는 곳이다. 더불어 이런 짓을 기쁘게 행하고, 훔치게 시킨 자도 떨어진다.

이곳에 떨어진 죄인은 어떤 형벌을 받을까?

이곳은 높이가 1유순이나 되는 불타고 있는 쇠 나무 아래에 있는 소지옥으로, 지면에는 뜨거운 바람과 함께 불꽃을 뿜어내는 돌들이 뒹굴고 있다. 옥졸은 쇠몽둥이로 죄인을 때려 상처투성이로 만들어 쇠 나무 아래로 떨어뜨린다. 그러면 죄인의 몸은 뜨거운 불에 의해 눈이 녹듯이 불타서 사라진다. 그래서 '신양수고 소지옥'이라고 한다. 죄인의 숨이 끊어지면 옥졸은 곧바로 소생시킨다.

또한 이곳에는 온갖 병〔404 종류〕으로 죄인을 괴롭히는데, 하나의 병이 나으면 또 다른 병을 생기게 하여 404종류의 병으로 끝없이 죄인을 괴롭힌다. 게다가 죄인을 불타고 있는 거대한 나무에 매달아 예리한 칼로 죄인의 혈맥을 끊어 고통을 가한다.
이런 고통이 끝없이 계속된다.

이곳에서 악업이 다하면 어느 세계로 윤회 전생할까? 지옥의
악업이 다하더라도 식화연아귀食火煙餓鬼, 즉 연기만 먹을 수 있
는 아귀로 태어나 700년 동안 고통을 당하며, 인간으로 태어나
더라도 막노동으로 생계를 유지하고 배부르게 먹지 못하는 삶
을 산다고 한다.

우산취처雨山聚處

아비지옥의 열 번째 소지옥은 우산취처 또는 양산취처兩山聚處
이다. 이곳은 '거대한 산山이 비〔雨〕처럼 내려 죄인을 고통 주는
소지옥'이다.

이곳에는 어떤 죄를 지으면 떨어질까?

벽지불(僻支佛, 독각승, 연각승)의 음식을 훔쳐 먹은 자가 떨어
지는 곳이다. 좀 더 구체적으로 말하면, 깨달음을 얻기 위해 숲
속에서 홀로 수행하는 벽지불의 음식을 취하여 먹은 탓으로 수
행자〔벽지불〕를 굶어 죽게 만들거나 수행을 방해한 자가 떨어지
는 곳이다.

이곳에 떨어진 죄인은 어떤 형벌을 받을까?

우선 이곳에는 1유순이나 되는 거대한 산이 장마 비처럼 쏟

아져 죄인의 몸을 부수어 모래처럼 만들어버린다. 그래서 '우산취 소지옥'이라고 한다. 죄인의 숨이 끊어지면 옥졸은 곧바로 소생시킨다.

또한 옥졸은 손에 쥐고 있는 쇠몽둥이와 쇠창으로 죄인을 때리고 찌르며, 가마솥에 던져 넣어 삶으며, 쇠 상자에 가두어 고통을 가한다. 게다가 옥졸은 날카롭고 예리한 칼로 혀를 자르고 코를 베고서 뜨거운 백납 액을 벤 그곳에 쏟아 붓는다. 또한 귀를 베고 그곳에 구리 액을 쏟아 채우거나 뜨거운 재를 쇠 바리때로 떠서 귀에 쏟아 붓는다. 게다가 옥졸은 날카로운 칼로 죄인의 배를 갈라 그곳에 병균을 집어넣어 404가지의 병에 걸리게 하는 고통을 가한다. 이런 고통에 시달리다 죄인의 숨이 끊어지면 옥졸은 곧바로 소생시켜 끝없이 고통을 가한다.

이곳에서 악업이 다하면 어느 세계로 윤회 전생할까? 지옥의 악업이 다하면 500년 동안 똥오줌만 먹고 사는 식분뇨아귀食糞尿餓鬼로 태어나 고통을 당하고, 사슴으로 태어나 700년 동안 굶주림에 시달린다고 한다. 또한 인간으로 태어나더라도 늘 남에게 맞는 고통을 당한다고 한다.

염바파도처 閻婆叵度處

아비지옥의 열한 번째 소지옥은 염바파도처 또는 염바도처이다. 이곳은 코끼리처럼 거대하고 날카로운 부리를 가진 '염바파도'라는 새가 죄인을 물고 높이 날아간 뒤 지상으로 떨어뜨려 산산조각을 내는 소지옥이다.

　이곳에는 어떤 죄를 지으면 떨어질까?

　강물을 끊어 농사를 못 짓게 하거나 강줄기를 바꾸어 짐승이나 새가 물을 못 마셔 죽게 만든 자들이 떨어진다. 요즈음말로 하면 사람들이 마시는 강물을 오염시켜 물을 못 마시게 한 죄인이 떨어지는 소지옥이다. 좀 더 구체적으로 설명하자면 하천, 호수 등에 독극물을 넣거나 유해한 물질을 배출하여 오염시켜 환경을 파괴한 자가 떨어지는 곳이다. 요즈음 강이나 바다의 오염으로 인간뿐만 아니라 물고기나 동물이 엄청난 고통에 시달리고 있다. 이처럼 강이나 바다를 오염시킨 악업을 지은 자를 벌하기 위해 마련한 소지옥이라고 할 것이다.

　이곳에 떨어진 죄인은 어떤 형벌을 받을까?

　이곳의 크기는 700유순(9,600km)이며, 험한 절벽과 높은 산이 불타고 있다. 이 화염이 죄인의 몸을 태운다. 죄인의 숨이 끊어지면 옥졸은 곧바로 소생시켜 또다시 반복해서 고통을 가한다.

　죄인은 고통에 시달리다 필사적으로 도망친다. 그의 눈앞에 물새가 있는 조용한 연못이 보인다. 옥졸이 쫓아오기 때문에 죄인은 곧바로 연못에 뛰어든다. 사실 그곳은 부글부글 끓고 있는 열탕의 연못이다. 이 연못에는 코끼리만큼 거대하고 날카로운 부리를 가지고 불꽃을 뿜어내는 '염바파도'라는 악조惡鳥가 죄인을 기다리고 있다. 염바파도는 죄인을 발견하면 급강하하여 발톱으로 죄인을 붙잡아 하늘 위로 날아간다. 그리고 상공으로 날아올랐다고 생각하는 순간 곧바로 지상으로 급강하한다. 이것을 수차례 반복하여 엄청난 공포를 맛보게 한다. 그리고 돌과 같이 단단한 지상으로 떨어뜨려 죄인의 몸을 가루로 만들어버린다. 이런 고통에 시달리다 죄인의 숨을 끊어지면 옥졸은 곧바로 소생시켜 끝없이 똑같은 고통을 가한다.

또한 옥졸은 예리한 칼날이 무수하게 꽂혀 있는 도로를 걷게 하여 발이 잘리게 하는 고통을 가한다. 게다가 이번에는 날카로운 이빨을 가진 쇠 개가 죄인을 기다리고 있다. 쇠 개는 죄인의 살·지방 등을 뜯어 먹고, 피와 골수를 마신다. 죄인의 숨이 끊어지면, 옥졸은 죄인을 곧바로 소생시켜 또다시 고통을 가한다.

이곳에서 악업이 다하면 어느 세계로 윤회 전생할까? 이곳에서 악업이 다하여도 500년 동안 아귀로 살며, 축생으로 태어나도 뱀에게 먹히고, 불에 타 죽는다고 한다.

성만처星鬘處

아비지옥의 열두 번째는 성만처이다. 정확한 의미를 알 수 없지만, '성만이라는 바람이 부는 거대한 쇠솥 안에 죄인을 거꾸로 매달아 고통을 주는 소지옥'이다. 그렇지만 '성만'이 어떤 바람인지도 정확하게 알 수가 없다.

이곳에는 어떤 죄를 지으면 떨어질까?

멸진정滅盡定의 수행단계에 이른 수행자가 남의 음식을 훔쳐 먹은 경우에 떨어지는 소지옥이다. 좀 더 자세하게 설명하자면, 모든 존재는 인연으로 생기하고 인연에 따라 소멸한다는 이치를 깨달아 모든 번뇌를 소멸시켜 '멸진정'의 단계에 이른 성자가 한순간의 식욕을 이기지 못하고 음식을 훔쳐 먹은 경우에 떨어진다. 그것도 즐기면서 수차례 훔쳐 먹은 경우에 떨어진다.

이곳에 떨어진 죄인은 어떤 형벌을 받을까?

이곳에 죄인이 떨어지면, 먼저 헤아릴 수 없는 시간 동안 쇠솥에 태워지고 삶겨지고 볶인다. 그런 후에 날카로운 이빨을 가진 거대한 짐승이 죄인을 물어 온몸을 상처투성이로 만든다.

또한 바람과 함께 수천 개의 날카로운 칼이 날아와 죄인의 몸을 베고 토막낸다. 그리하여 힘줄과 혈맥만 남는다. 고통에 시달리다 죄인의 숨이 끊어지면 옥졸은 곧바로 소생시켜, 이번에는 성만이라는 바람이 부는 거대한 가마솥에 죄인을 거꾸로 매달아 뜨거운 구리 액으로 삶는다.

또한 눈을 태우고 차례대로 얼굴, 치아, 목 등을 불태운다. 그리고 다시 쇠 절구통에 넣어 쇠 절굿공이로 가루로 만든다. 고통에 시달리다 죄인의 숨이 끊어지면 옥졸은 곧바로 소생시켜 반복해서 고통을 가한다.

이곳에서 악업이 다하면 어느 세계로 윤회 전생할까? 지옥의 악업이 다하여도 천 년 동안 희망아귀로 살며, 축생〔사슴〕으로 태어나 500년 동안 늘 불안과 두려움에 떨며 살다가 사냥꾼에게 죽는다. 인간으로 태어나더라도 가난과 굶주림에 시달리고, 남의 심부름만 하고 산다고 한다.

일체고선처一切苦旋處

아비지옥의 열세 번째 소지옥은 일체고선처 또는 고뇌급처苦惱急處이다. 이곳은 '모든 고통〔一切苦〕을 차례대로 돌려가면서〔旋〕 죄인을 괴롭히는 소지옥'이다.

어떤 죄를 지으면 이곳에 떨어질까?

불교의 가르침을 전하기 위한 책이나 그림 등을 왜곡시키거나 파괴한 자가 떨어지는 곳이다. 좀 더 자세하게 설명하자면, 부처님의 가르침을 기록한 경전을 불태워 불교를 믿지 못하게 하거나 불교도의 참된 길을 설명하는 불교서적이나 불화를 태우거나 또는 수행의 지침서 등을 훼손해서 수행을 할 수 없게 한 자가 떨어지는 곳이다.

이곳에 떨어진 죄인은 어떤 형벌을 받을까?

이곳에 죄인이 떨어지면 옥졸은 가장 먼저 죄인의 두 눈에 뜨겁게 달구어진 구리 액을 부어 눈을 멀게 한다. 사람들이 눈으로 배우고 수행할 기회를 없앤 죄에 대한 형벌이다. 또한 옥졸은 몸에도 뜨거운 구리 액을 차례차례로 부어 고통을 가한다.

이것으로 고통이 끝나는 것이 아니다. 이번에는 쇠 집게로 안구를 하나씩 뽑아 쇠 절구통에 넣어 쇠 절굿공이로 찧어 눈을 멀게 하기도 한다. 또는 뜨겁고 금강과 같이 단단한 모래로 죄인의 눈을 문질러서 고통을 가한다. 문질러져서 눈이 사라지면 옥졸은 다시 소생시켜 계속 고통을 가한다. 또는 집게로 죄인의 손톱과 발톱을 하나씩 천천히 뽑으며, 톱으로 몸을 잘게 자른다. 이런 고통이 반복해서 계속된다.

이것으로 끝이 아니다. 옥졸은 붉은 구리 액이 끓어오르는 커다란 가마솥에 죄인의 상반신을 담가 삶거나 불태우고, 하반신은 날카로운 칼로 잘게 자른다. 그런 후에 잘라진 살 조각 하나하나를 구리 액이 펄펄 끓고 있는 가마솥으로 던져 넣는다. 이런 고통에 시달리다 죄인의 숨이 끊기면 옥졸은 곧바로 소생시켜 예리한 칼날로 온몸의 피부를 벗기고서 뜨거운 재로 문지르고, 뜨겁고 날카로운 바늘로 찌르며, 머리를 뜨거운 쇠바퀴에 끼워 돌리는 고통을 가한다. 이처럼 모든 고통〔一切苦〕을 차례대로 돌려가면서〔旋〕 괴롭히기 때문에 '일체고선 소지옥'이라고 한다.

이곳에서 악업이 다하면 어느 세계로 윤회 전생할까? 이곳의 악업이 다하여도 식연아귀食煙餓鬼, 즉 연기만 먹는 아귀로 태어난다. 또한 밤에만 바스락 움직이는 야행성 벌레로 태어난다고 한다. 또는 올빼미, 여우 등으로 태어나기도 한다. 전생의 조그만 선업 덕분에 인간으로 태어나더라도 아주 추운 설산에 태어나 제대로 된 음식을 먹을 수 없으며, 300년 동안 야만족과 함께 살아야 한다고 한다.

취기부처臭氣覆處

아비지옥의 열네 번째 소지옥은 취기부처이다. 정확한 의미를 알 수 없지만, 글자 그대로 번역하자면 '지독한 냄새[臭氣]로 덮여 있는[覆] 소지옥'이다. 무엇 때문에 이런 명칭이 붙었는지는 알 수 없다.

이곳에는 어떤 죄를 지으면 떨어질까?

출가자가 일구고 있는 논밭과 과수원이나 물건을 태운 자가 떨어지는 곳이다. 좀 더 구체적으로 설명하자면 삿된 생각과 사악한 마음으로 출가자들이 자급자족하기 위해 일구고 있는 사찰의 논·밭·과수원에 불을 질러 태운 자 또는 출가자들이 사용하고 있는 승복이나 목탁 등을 태우거나 부순 자가 떨어지는 곳이다.

이곳에 떨어진 죄인은 어떤 형벌을 받을까?

이곳은 늘 불타고 있으며, 바늘구멍만큼이나 가는 그물로 되어 있는 '침공망針孔網'이 있는 소지옥이다. 이곳에 죄인이 떨어지면 옥졸은 예리하고 날카로운 긴 칼을 휘두르고 수없이 화살을 쏘아 죄인을 침공망 안으로 몰아넣는다. 그 그물코에는 날카로운 칼날이 꽂혀 있기 때문에 죄인의 손과 발, 살을 도려낸다. 이런 고통에 시달리다 죄인의 숨이 끊어지면 옥졸은 곧바로 소생시켜 끝없이 고통을 가한다.

그런 후에 옥졸은 표면에 예리한 칼날이 꽂혀 있는 사탕수수대로 헤아릴 수도 없을 만큼 때린다. 죄인은 고통으로 울부짖는다.

이곳에서 악업이 다하면 어느 세계로 윤회 전생할까? 이곳의 악업이 다하여도 피를 먹는 아귀로 태어나 700년 동안 살아야 하며, 닭이나 공작으로 태어나 500년 동안 살아야 한다. 전생의 조그만 선업 덕분에 인간으로 태어나더라도 백정으로 태어난다고 한다.

철섭처鉄鑷處

아비지옥의 열다섯 번째 소지옥은 철섭처이다. 철섭처란 '철鉄의 조각(鑷)으로 죄인의 몸을 감싸서 고통을 주는 소지옥'이다.

이곳에는 어떤 죄를 지으면 떨어질까?

이곳은 성실하게 수행하고 있는 출가자를 속인 자들이 떨어진다. 좀 더 구체적으로 설명하자면, 식량이 부족한 시대에 출가자를 돌본다고 하면서 그들을 속여 굶주리게 한 자가 떨어지는 곳이다. 옛날에는 흉년이 들면 먹을 것이 귀했기 때문에 출가자가 탁발하러 가도 음식 공양을 잘 하지 않아 어려움에 처하였다. 그런데 사악한 마음으로 출가자에게 와서 "올해 안거는 저희 집에서 지내십시오. 약이나 기타 필요한 것은 제가 다 공급하겠습니다. 조금도 걱정 마시고 다른 생각을 내지 마십시오. 가족 모두가 환영합니다."라고 말했지만, 막상 그 말을 믿고 출가자가 흉년이 들어 찾아가면 구박하고 쫓아낸다. 이런 거짓말을 믿고 있다가 음식이 떨어져, 멀리 탁발을 나갔다가 길을 헤매다 목숨을 잃거나 짐승에게 잡아먹힌 출가자도 있었을 것이다. 이런 못쓸 짓을 한 자들이 이곳에 떨어진다.

이곳에 떨어진 죄인은 어떤 형벌을 받는가?

이곳은 11개의 불꽃에 둘러싸여 있다. 우선 죄인은 불꽃의 뜨거움, 굶주림, 목마름으로 고통을 받는다. 또는 거짓말로 출가자를 속였기 때문에, 그 대가를 치르게 하기 위해 옥졸은 죄인의 입에 뜨거운 구리 액과 부글부글 끓어오르는 쇳물을 부어 넣는다. 고통에 시달리다 죄인의 숨이 끊어지면 옥졸은 곧바로 소생시켜 똑같은 고통을 끝없이 가한다.

또한 옥졸은 뜨거운 불꽃을 내며 타고 있는 커다란 쇳조각(鉄鑛)으로 마치 이불로 감싸는 것처럼, 죄인을 휘감아 올려 감싸서 계속해서 불태운다. 그래서 '철섭 소지옥'이라고 한다.

이곳에서 악업이 다하면 어느 세계로 윤회 전생할까? 이곳의 악업이 다하여도 백 년 동안 자신의 뇌를 먹는 아귀로 태어나며, 전생의 조그만 선업 덕분에 인간으로 태어나더라도 윗사람의 신용을 얻지 못하고 감옥에서 굶어 죽는다고 한다.

십일염처十一焰處

아비지옥의 열여섯 번째는 십일염처이다. 이곳은 '엄청나게 많은(十一) 불꽃(焰)으로 불태워 고통을 주는 소지옥(處)'이다.

이곳에는 어떤 죄를 지으면 떨어질까?

불상, 불탑, 사원 등을 파괴하거나 태운 자가 떨어지는 곳이다. 좀 더 자세하게 설명하자면, 출가자나 재가신자가 소중하게 여기는 불상·불탑을 부수거나 불화를 찢은 자, 부처님의 제자도 아니고 부처님을 믿지도 않으면서 '나는 부처님의 제자다'라고 속인 자, 불법을 듣고도 믿지 않은 자가 떨어지는 곳이다.

이곳에 떨어진 죄인은 어떤 형벌을 받을까?

이곳에 죄인이 떨어지면, 옥졸이 철봉을 들고 쫓아오기 때문에 죄인은 기약도 없이 끊임없이 도망다녀야 한다. 또한 죄인은 맹독을 품은 수많은 독사에게 잡혀 칭칭 감기고 물어뜯기는 고통을 당한다. 고통에 시달리다 죄인의 숨이 끊어지면 옥졸은 곧바로 소생시킨다. 게다가 불길 속을 헤매면서 계속 도망다녀야 하는 고통을 당한다.

옥졸은 "스스로 악을 행하는 자는 언제나 사악한 올가미에 빠진다. 사악한 행위를 하고서 후회하는 것은 이미 늦었다. 악행은 언제나 악행이 달라붙고, 선행은 언제나 선행이 함께한다. 바른 길[正道]과 그릇된 길[非道]의 갈림길에서 헤매지 말라. 헤매는 그 자체가 바로 불법佛法을 헤매는 것이다. 헤매는 마음[미혹]으로 적정寂靜을 얻을 수 없다. 헤매는 것이 이미 지옥이다. 지옥에 떨어지고 싶지 않다면 정행正行, 정도正道, 정견正見을 취하여 사악한 생각을 하지 말라"(앞의 책, 山本健治)고 훈계하면서, "너는 왜 뉘우치지 않느냐!"고 참회와 반성을 요구한다.

이곳에서 악업이 다하면 어느 세계로 윤회 전생할까? 지옥의 악업이 다하여도 똥을 먹는 식분아귀로 태어난다. 축생[지렁이]으로 500년 동안 지내야 하며, 인간으로 태어나더라도 먹을 것이 없어 벌레를 먹고 살아야 한다고 한다.

지금까지 우리는 116곳의 지옥을 함께 순례했다. 요약하자면 등활지옥은 살생한 자, 흑승지옥은 살생과 도둑질한 자, 중합지옥은 살생·도둑질·음주한 자, 규환지옥은 살생·도둑질·음주·사음한 자, 대규환지옥은 살생·도둑질·음주·사음·거짓말한 자, 초열지옥은 살생·도둑질·음주·사음·거짓말·사견에 빠진 자, 대초열지옥은 살생·도둑질·음주·사음·거짓말·사견·여성재가신자나 비구니를 범한 자, 아비지옥〔무간지옥〕은 살생·도둑질·음주·사음·거짓말·사견·여성재가신자나 비구니를 범한 자·오역죄를 범한 자가 떨어진다.

이것으로 팔열지옥 8곳과 그에 부수하는 소지옥 108곳에 대한 설명을 마친다.

나오는 말

지금까지 『정법염처경』과 『왕생요집』을 중심으로 팔열지옥 8곳과 그에 부수하는 소지옥 108곳을 순례했다. 이 지옥들에는 어떤 죄를 지은 자가 떨어지고, 그곳에 떨어지면 어떤 형벌을 받는지, 지옥의 악업이 다하면 어느 세계로 윤회하는지를 문헌에 근거하여, 가능한 필자의 생각을 배제하고 객관적으로 기술하려고 노력했다. 그런 탓인지 모르겠지만 글을 완성하고 보니, 내용이 너무 딱딱하고 무미건조한 느낌이 든다. 독자들의 양해를 구한다.

이 글을 읽은 독자들도 나와 똑같은 느낌을 받았을 것으로 추측되지만, 이 책을 집필하기 위해 지옥 관련 문헌을 읽다가 처음 느낀 점은 '할 일 없는 사람이 지옥을 참 많이 만들었구나!'라는 인상을 강하게 받았다. 왜냐하면 무려 144곳의 지옥을 설정하고, 어떤 죄를 지으면 그 지옥에 떨어지고, 그 지옥에 떨어지면 어떤 죄의 대가를 받는지, 그 지옥에서 벗어나면 어느 곳으로 윤회하는지를 너무나 꼼꼼하고 자세하게 기술하고 있기 때문이었다.

그런데 지옥이 왜 필요하고, 어떤 의도에서 다양한 지옥을 설정했을까? 이런 의문점을 해결하기 위해 문헌들을 탐독하면서 점차로 지옥에 흥미를 느끼게 되자, 내가 너무 경솔한 판단을 했다는 생각이 들었다. 왜냐하면 이런 많은 지옥을 설정한 이유는 우리에게 공포심을 주기 위한 것도 있겠지만 보다 근본적으로는 하루하루의 삶을 성실하게 최선을 다하라는 '경책의 메시지'를 담고 있다는 것을 알았기 때문이다.

또한 '들어가는 말'에서도 언급했지만, 저희 할머니 가르침대로 '인간으로서의 도리'를 지키고 살아야 한다는 가르침을 주기 위한 것이며, 그 가르침대로 살지 않으면, 다시 말해 악행을 행하면 그 대가를 반드시 받는다는 것을 알려주기 위한 것임을 깨달았기 때문이다. 즉 불교의 핵심 가르침인 업〔선인선과, 악인악과, 자업자득, 인과응보〕과 윤회〔육도윤회, 윤회전생〕를 바탕으로 지옥을 설정하게 된 것임을 알았기 때문이다.

또한 전생에서 아주 하찮은 선업이라도 쌓았거나 또는 참회를 통해 얼마든지 지옥에서 벗어날 수 있다는 가능성을 열어놓고 있기 때문이다. 다시 말해 죄의 원인과 결과〔인과응보〕를 상세하게 기술하여, 그 원인과 결과를 알아야 죄업에서 벗어날 수 있는 참회도 할 수 있다는 것을 끊임없이 우리에게 각인시키고 있으며, 우리가 현생에서도 수선단악修善斷惡, 즉 선업을 닦고 악업을 끊는 수행을 해야 하는 당위성을 제시하고 있는 것이다. 이처럼 이승과 저승은 따로 떨어진 별개의 세계가 아니라 서로 연결되어 있다. 그래서 '너의 미래를 보고 싶으면, 현재 너의 모습을 보라'고 하는 것은 아닐까!

그리고 다시 한 번 말씀드리지만, 경전에는 전생의 조그만 선업 덕분에 인간으로 윤회 전생하더라도 남아 있는 업력으로 인해 특정 직업 또는 여러 질병으로 고생한다거나 성수소자로 태어난다는 내용을 포함하고 있었다. 그래서 독자들 중에는 몹시 당황한 분도 있었을 것으로 추측된다. 물론 현대인의 관점에서 보면 특정 직업 및 성소수자 등을 차별하는 시각으로 해석할 수도 있겠지만, 경전이 제작될 3~4세기 무렵의 고대 인도사회의 사회문화적 배경이나 시대 상황을 염두에 두고 해석하면 그다지 문제가 되지 않을 것으로 생각된다. 아무쪼록 오해가 없기를 다시 한 번 간절히 소망한다.

끝으로 이 글을 작성하는 과정에 내 자신이 지옥에 빠져들면서 정말 재미있었다. 공자의 말대로 무언가를 '즐기면서' 하는 기쁨을 알게 해주었다. 필자에게는 좋은 경험이었다. 이 책을 읽는 독자들께서도 나와 같은 기쁨을 함께 나누었으면 한다.(namaste)

허암(김명우) 합장

참고문헌

正法念處經(대정장 17)

長阿含經(대장장 1)

俱舍論(대정장 31), 세친보살

順正理論(대정장 31), 중현보살

한글대장경 74권(경집부 14, 正法念處經)

권오민 역, 『아비달마구사론』, 동국대학교 역경원, 2002.

겐신 지음, 김성순 옮김, 『왕생요집』, 불광출판사, 2019.

김명우 지음, 『유식삼십송과 유식불교』, 예문서원, 2009.

_____, 『범어로 반야심경을 해설하다』, 민족사, 2010.

_____, 『왕초보 반야심경 박사되다』, 민족사, 2011.

_____, 『마음공부 첫걸음』, 민족사, 2011.

_____, 『불교에서의 죽음 이후, 중음세계와 육도윤회』, 예문서원,
   2015.

모로 시게키 지음, 허암(김명우) 옮김, 『오온과 유식』, 민족사, 2018.

요코야마 코이츠(橫山宏一) 지음, 허암(김명우) 옮김, 『유식으로 읽는 반야심
   경』, 민족사, 2016.

_____, 『마음의 비밀』, 민족사, 2013.

정준영 외, 『죽음, 삶의 끝인가 새로운 시작인가』, 운주사, 2011.

효도 가즈오(兵藤一夫) 지음, 김명우 옮김, 『유식불교, 유식이십론을 읽다』,
   예문서원, 2011.

나희라, 「불교의 수용과 지옥관념의 전개」, 『중국어문학회』 76호, 2006

김성순, 「『왕생요집往生要集』 염리예토편에 나타난 지옥도 이해: 중합지옥을
　　중심으로」, 『불교학연구』 제46호, 2016.
법보신문(http://www.beopbo.com), 김성순의 지옥을 사유하다.

우메하라 다케시(梅原猛), 『地獄の思想』, 中央公論社, 1967.
겐신(源信), 이시다 미즈마로(石田瑞麿) 譯註, 『往生要集 上』, 岩波文庫, 2001.
사다가타 아키라(定方晟), 『須彌山と極樂』, 講談社, 1999.
사카모토 가나메(坂本要) 編, 『地獄の世界』, 北辰堂, 1990.
야마베 슈가쿠(山邊習學) 譯, 다가미 타이슈(田上太秀) 監修, 『國譯一切經』,
　　「印度撰述部 經集部 8」, 大東出版社, 1999.
야마모토 겐지(山本健治), 『地獄めぐり』, 三五館, 2011.
요코야마 코이츠(横山宏一), 『唯識 佛敎辭典』, 春秋社, 2010.
이시가미 젠노(石上善応), 『往生要集』, 日本放送出版協會, 1998.
히로 사치야(ひろさちや), 『佛敎死後世界入門』, 講談社, 2002.
_____, 『死の世界・死後の世界』, 德間書店, 1991.
『大法輪』 44卷 12號, 「特輯 地獄の事典」, 1975.
『大法輪』 52卷 5號, 「特輯 地獄・極樂-『往生要集』を考える」, 1983.

Sir M. Monier-Williams, A Sanskrit-English Dictionary.

http://ja.wikipedia.org
동국대 역경원 : https://abc.dongguk.edu/ebti/
대정장 SAT : http://21dzk.l.u-tokyo.ac.jp/SAT/
中華電子佛典協會(cbeta) : https://www.cbeta.org/

허암 (김명우)

유식사상을 전공하여 철학박사 학위를 취득했다. 현재 대학에서 학생들을 가르치며 불교 관련 집필 활동에 전념하고 있다.

저서로는 『유식삼십송과 유식불교』(2010년 문화체육관광부 우수학술도서), 『마음공부 첫걸음』(반야학술상 저역상), 『유식의 삼성설 연구』, 『왕초보 반야심경 박사 되다』, 『범어로 반야심경을 해설하다』, 『불교에서의 죽음 이후, 중음세계와 육도윤회』 등이 있으며, 역서로는 『유식불교, 유식이십론을 읽다』, 『마음의 비밀』, 『오온과 유식』, 『유식으로 읽는 반야심경』, 『반야바라밀다심경』, 『티베트불교철학』(2009년 문화체육관광부 우수학술도서) 등이 있다. 지금까지 스무 권이 넘는 불교 관련 저역서를 펴냈다.

논문으로는 「말나식과 함께하는 심소법 고찰」(퇴옹학술상 수상), 「유식 논서에 나타난 신信심소에 관한 고찰」, 「백일법문에 나타난 퇴옹 성철의 유식사상」 등 20여 편의 논문이 있다. 주로 반야심경과 유식사상의 완성자인 세친 보살의 저작들을 현대적으로 해석하는 작업에 관심을 두고 연구를 이어가고 있다. 최근에는 관심 영역을 넓혀 49재 및 지옥에 관련한 책과 논문을 준비하고 있다.

49재와 136지옥

초판 1쇄 발행 2022년 1월 14일 | **초판 2쇄 발행** 2024년 4월 23일
지은이 허암 | **펴낸이** 김시열
펴낸곳 도서출판 운주사

(02832) 서울시 성북구 동소문로 67-1 성심빌딩 3층
전화 (02) 926-8361 | 팩스 0505-115-8361
ISBN 978-89-5746-669-8 03220 값 14,000원
http://cafe.daum.net/unjubooks 〈다음카페: 도서출판 운주사〉